...와 통하는 책

...스 외국어
...스트 도서

700만 독자의 선택!

새로운 도서,
다양한 자료
동양북스
홈페이지에서
만나보세요!

www.dongyangbooks.com
m.dongyangbooks.com

※ 학습자료 및 MP3 제공 여부는 도서마다 상이하므로 확인 후 이용 바랍니다.

홈페이지 도서 자료실에서 학습자료 및 MP3 무료 다운로드

PC

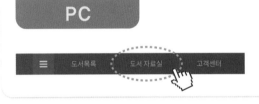

❶ 홈페이지 접속 후 도서 자료실 클릭
❷ 하단 검색 창에 검색어 입력
❸ MP3, 정답과 해설, 부가자료 등 첨부파일 다운로드
* 원하는 자료가 없는 경우 '요청하기' 클릭!

MOBILE

* 반드시 '인터넷, Safari, Chrome' App을 이용하여 홈페이지에 접속해주세요. (네이버, 다음 App 이용 시 첨부파일의 확장자명이 변경되어 저장되는 오류가 발생할 수 있습니다.)

❶ 홈페이시 접속 후 ☰ 터치

❷ 도서 자료실 터치

❸ 하단 검색창에 검색어 입력
❹ MP3, 정답과 해설, 부가자료 등 첨부파일 다운로드
* 압축 해제 방법은 '다운로드 Tip' 참고

| 일본어뱅크 |

440개 필수
초등 한자로
익히는

좋아요
漢字 일본어
한자

저자 박성욱

동양북스

| 일본어뱅크 |

초판 3쇄 | 2023년 9월 10일

지은이 | 박선옥
발행인 | 김태웅
편　집 | 길혜진 이선민
디자인 | 남은혜 김지혜
마케팅 | 나재승
제　작 | 현대순

발행처 | (주)동양북스
등　록 | 제 2014-000055호(2014년 2월 7일)
주　소 | 서울시 마포구 동교로22길 14 (04030)
구입문의 | 전화 (02)337-1737　팩스 (02)334-6624
내용문의 | 전화 (02)337-1762　dybooks2@gmail.com

ISBN 979-11-5768-455-7 13730

이 도서의 국립중앙도서관 출판시도서목록(CIP)은 서지정보유통지원시스템 홈페이지(http://seoji.go.kr)와
국가자료공동목록시스템(http://www.nl.go.kr/kolisnet)에서 이용하실 수 있습니다.
(CIP제어번호:CIP2018035910)

머리말

일본어 학습자 중에는 애니메이션이나 만화, 게임 등을 접하면서 일본어에 흥미가 생겨 공부를 시작하는 사람이 많습니다. 그런데 한자 때문에 일본어를 포기하는 경우가 적지 않습니다. 그중에는 읽기와 쓰기가 거의 불가능한 학습자들도 종종 있습니다. 일본어 공부를 하다 보면, "이것은 어떻게 읽는 거지? 어떤 의미가 있는 걸까?"라는 상황에 자주 부딪히게 됩니다. 그것은 한자 학습이 부족하기 때문입니다. 요컨대 일본어를 읽고 쓰고 사용하는 힘의 원천은 결국 한자의 힘입니다. 즉, 한자는 일본어 학습의 토대가 되는 것이며, 일본어 학습에서 꼭 넘어야 할 산인 것입니다.

이 책의 간행 목적은 학습자가 한자를 체계적으로 연습하도록 하는 것입니다. 나아가 한자 학습의 기쁨을 알려주고, 한자 실력의 기초를 탄탄하게 다져주는 것을 목표로 하고 있습니다. 지금까지 간행된 한자 교재는 단순한 기계적 반복을 하게 하는 것이 대부분이었습니다. 한자를 쉬운 것부터 단계적으로 배열한 것은 보기 힘들었습니다. 본 저자는 이러한 결점을 보완했습니다.

일본 문부과학성은 2,136자의 상용한자를 제정하여 일상생활 한자 사용의 기준으로 삼았습니다. 그중에서 특히 사용빈도가 높다고 생각되는 1,006자를 교육한자로 정했습니다. 교육한자는 소학교(초등학교) 때 가르칩니다. 1학년에서 80자, 2학년에서 160자, 3학년에서 200자, 4학년에서 200자, 5학년에서 185자, 6학년에서 181자를 가르칩니다.

이 책은 위의 교육한자 1,006자 중에서 초등학교 3학년까지 배워야 하는 한자 440자를 쉬운 한자부터 단계적으로 익힐 수 있도록 했습니다. 먼저 각 한자별로 형태, 읽기, 의미를 정확하게 파악할 수 있게 한 다음, 일본어 초급단계에서 반드시 익혀야 할 단어를 제시하고, 또 해당 단어의 예문은 최대한 실생활에 필요한 것으로 준비하여 학습 효과를 높일 수 있도록 구성하였습니다. 한 단원이 끝날 때마다 확인문제를 풀어보며 각종 시험에도 대비할 수 있도록 했습니다.

일본어 한자를 학습하는 데 왕도는 없습니다. 하지만 적절한 길은 있습니다. 이 책은 여러분들을 적절한 길로 안내해 줄 것입니다. 이 책을 끝까지 공부하면 일본어 한자에 대한 감각과 종합적인 이해 능력, 그리고 응용 능력을 길러줄 것입니다.

끝으로 이 책으로 공부한 학습자 여러분 모두가 일본어 한자에 대한 두려움의 벽을 통쾌하게 무너뜨리고, 다음 단계로 도약할 수 있는 실력을 배양하시기 바랍니다. 지속적인 일본어 학습 결과가 여러분의 삶 속에서 적극적으로 활용되었으면 더 바랄 것이 없겠습니다.

저자 박선옥

차례

머리말 · 003

차례 · 004

일러두기 · 008

한자의 기초지식 · 009

PART I 1학년 학습한자 80자 ▼

Unit 01 **숫자와 돈** ⋯⋯⋯⋯⋯⋯⋯⋯⋯⋯⋯⋯⋯ 016
一 二 三 四 五 六 七 八 九 十 百 千
円 玉

Unit 02 **요일과 연월일** ⋯⋯⋯⋯⋯⋯⋯⋯⋯⋯⋯ 022
年 月 火 水 木 金 土 日

Unit 03 **자연과 숲** ⋯⋯⋯⋯⋯⋯⋯⋯⋯⋯⋯⋯⋯ 027
山 川 石 空 夕 天 雨 気 林 森

Unit 04 **농촌과 동식물** ⋯⋯⋯⋯⋯⋯⋯⋯⋯⋯⋯ 032
田 村 貝 犬 虫 花 竹 草

Unit 05 **크기와 위치, 색** ⋯⋯⋯⋯⋯⋯⋯⋯⋯⋯ 037
大 中 小 左 右 上 下 白 青 赤

Unit 06 **사람과 인체** ⋯⋯⋯⋯⋯⋯⋯⋯⋯⋯⋯⋯ 042
人 男 女 王 子 目 耳 足 口 手

Unit 07 학교생활과 동작 ··· 047
休 見 出 入 立 学 校 先 生 音 正 早

Unit 08 문화생활 ··· 053
車 文 字 本 名 力 糸 町

PART Ⅱ 2학년 학습한자 160자 ▼

Unit 01 가족과 동식물 ··· 062
親 父 母 兄 弟 姉 妹 家 牛 馬 鳥 頭
顔 首 羽 毛 肉 魚 米 麦

Unit 02 반대어 ··· 070
前 後 内 外 多 少 太 細 近 遠 古 新
強 弱 行 来 売 買

Unit 03 시간과 방향 ··· 077
朝 昼 夜 今 時 間 分 半 毎 週 午 曜
東 西 南 北 方

Unit 04 자연과 자연현상 ··· 084
野 原 岩 谷 地 池 海 晴 雲 雪 風 星
光 春 夏 秋 冬

Unit 05 동작 ··· 091
引 回 帰 教 計 合 止 食 切 組 走 直
通 当 歩 鳴 用

Unit 06 건물과 장소 ··· 098
園 京 戸 公 交 市 寺 室 場 台 店 道
番 門 里

Unit 07 교과목 ··· 104

科 画 会 楽 活 語 工 国 作 算 社 図
数 体 理

Unit 08 학습활동과 전달 ······································· 110

歌 絵 記 言 考 思 書 心 声 知 答 読
聞 話

Unit 09 색과 형태, 상태 ··· 116

角 丸 形 広 高 黄 黒 色 線 茶 長 点
同 明

Unit 10 도구와 차량, 기타 ····································· 122

何 汽 弓 元 才 矢 紙 自 船 電 刀 万
友

PART Ⅲ   3학년 학습한자 200자   ▼

Unit 01 학교생활 ·· 132

問 題 筆 箱 漢 勉 委 員 係 級 童 具
章 詩 板 帳 練 習 研 究

Unit 02 건물과 지리 ·· 140

役 所 住 柱 階 庫 旅 館 宿 屋 世 界
列 島 央 州 都 県 丁 区

Unit 03 역사와 반대어 ·· 148

昭 和 代 昔 様 式 神 宮 祭 礼 反 対
勝 負 重 軽 始 終

Unit 04 상품과 유통 ·· 155

商 品 荷 物 受 取 集 配 返 送 洋 服
皮 豆 酒 皿 笛 写 真

Unit 05 교통 ·· 162
路 面 安 全 注 意 運 転 発 進 乗 助
駅 港 登 坂 曲 横 橋

Unit 06 건강과 인물 ······························ 169
病 院 薬 局 医 命 悪 化 死 去 客 者
君 主 身 指 歯 息 鼻 血

Unit 07 자연과 상태 ······························ 177
羊 鉄 銀 油 炭 暑 寒 温 度 陽 湯 流
氷 波 湖 岸 等 暗 深 短 美 速

Unit 08 일과 감정 ·································· 185
仕 事 相 談 調 整 決 定 部 平 感 動
幸 福 期 待 予 想 苦 悲

Unit 09 야구와 동작 ······························ 193
投 打 拾 球 遊 守 第 号 着 落 飲 泳
持 使 申 表 起 消 追 急 向 開 放

Unit 10 농사와 기타 ······························ 201
農 業 畑 庭 葉 根 実 緑 植 育 倍 味
族 由 秒 有 他 次 両

실력Up 확인문제 & 완성문제 정답 • 212
색인 • 226

이 책의 특징

1. 일본 소학교(초등학교) 1학년에서 3학년까지의 각 학년별 한자를 의미가 비슷한 분야의 한자끼리 묶어서 학습하도록 구성하였습니다.

2. 각 단원에서 배운 한자는 〈확인문제〉를 풀어 보며 복습할 수 있도록 했습니다. 또 한 학년의 학습이 끝나면 총복습을 할 수 있는 〈완성문제〉도 구성했습니다.

3. 한국어 한자의 음과 훈은 『동아 現代活用玉篇』(제4판)에 따라 대표 음훈만을 실었고, 일본어의 경우는 문부과학성이 정한 「상용한자표(常用漢字表)」에 제시된 음독과 훈독을 모두 실었습니다. 이때, 훈독은 히라가나, 음독은 가타카나로 표기하였습니다.

4. 일본어능력시험 급수의 표기는 『改訂版 日本語 能力試驗 漢字ハンドブック』(アルク)를 참고로 하였습니다.

5. 각 한자별 단어의 예는 가능하면 초급 수준의 것으로 사용빈도가 높은 것을 실었습니다.

   ＊ 숙자훈(熟字訓) 및 특수하게 읽는 것

   ！ 한자 읽는 법이 탁음(반탁음)화, く의 촉음화, 동사 ます형으로 변형된 것

   ─ 해당 한자의 음독이나 훈독이 없는 것

6. 한자의 음독이나 훈독, 단어의 예에 표시한 기호는 다음과 같은 뜻을 나타냅니다.

① 일련번호　② 한국어의 훈과 음　③ 일본어능력시험 급수 표기　④ 한국어 한자
⑤ 총획수　⑥ 부수　⑦ 일본어 훈독　⑧ 일본어 음독
⑨ 필순　⑩ 연습 칸　⑪ 단어의 예　⑫ 예문

1. 한자의 3요소

한자에는 모양, 소리, 뜻이라는 세 가지 요소가 있다. 예를 들어 「木」라는 한자라면 아래와 같이 설명할 수 있다.

　① 모양(形)　　　 ⽊ → 木

　② 소리(音)　　　 ボク · モク

　③ 뜻(義＝意味)　 き (나무)

2. 한자의 성립

한자는 한족(漢族)이 그들의 말인 중국어를 표기하기 위하여 오랜 기간에 걸쳐 만들어 낸 문자이다. 현존하는 최고의 한자는 기원전 1,300년경 중국의 은(殷) 시대에 사용된 갑골문자(甲骨文字)이다. 이것은 왕실에서 거북의 등껍질이나 소뼈 등을 사용하여 점을 칠 때 그 결과를 새긴 것이다. 또 은(殷) · 주(周) 시대에 선조의 제사 등에 사용한 청동기에 새겨 넣은 것을 금문(金文)이라고 한다. 그 후 대전(大篆) · 소전(小篆) · 예서(隷書) 등의 변천을 거쳐 한(漢) 시대에 이르러 자체(字體)가 대체로 고정되었다.

한자의 수는 3,500자 전후의 갑골문자에서 점차로 그 수가 증가해 갔다. 후한(後漢) 시대의 『설문해자(說文解字)』(100년)에는 9,353자, 당(唐) 시대의 『광운(廣韻)』(1011년)에 26,194자, 청(淸) 시대의 『강의자전(康熙字典)』(1716년)에 47,035자로 증가한 것이 나타나 있고, 1994년에 출판된 『중화자해(中華字海)』에 이르러서는 85,568자를 수록하고 있다. 그러나 실제 중국인들이 사용하는 한자는 이보다 훨씬 적다.

한자가 일본에 전래된 것은 4세기 후반(혹은 5세기 초) 한반도의 백제를 통해서였다. 문자가 없었던 일본인에게 한자는 중국어(한문) 독해뿐만 아니라 자국어를 표기하는 방법을 알게 해 주었으며, 훈의 고정화, 표음적 용법의 유통 등에 따라 점차 일본어에 녹아들었다.

3. 한자의 구성

한자는 원래 표음과 표의의 두 가지 성격을 지니고 있는데, 그 구성 원리는 육서(六書)라 불리고, 후한 시대의 허신(許慎)이 쓴 자전(字典)『설문해자(説文解字)』에 설명되어 있다.
『설문해자』에서는 한자를 상형(象形), 지사(指事), 회의(會意), 형성(形聲), 전주(轉注), 가차(假借)의 6종류로 분류했는데, 이것을 육서라고 한다. 이 중 앞의 4개는 한자 조자법(造字法)의 원리이고, 뒤의 2개는 용자법(用字法)의 원리이다.

① **상형(象形)** : 사물의 모양을 본떠서 만든 것(그림문자)

  예 ⺅ → 人,   ⺚ → 羽,   ∧∧ → 山

② **지사(指事)** : 추상적인 개념을 점과 선의 부호로 나타낸 것

  예 ◡ → 上,   ⼑ → 刃,   米 → 本

③ **회의(會意)** : 이미 존재한 한자를 2개 이상 합하여 새로운 의미를 표현한 것

  예 林,   森,   休,   好,   鳴

④ **형성(形聲)** : 의미를 나타내는 문자와 음을 나타내는 문자로 이루어진 것

  예 江,   汗,   清,   晴,   精

⑤ **전주(轉注)** : 글자 본래의 의미를 발전시키거나 관련된 의미로 전용된 것

  예 음악의 뜻인「楽(ガク)」를 '즐겁다'란 뜻의「ラク」로 사용

⑥ **가차(假借)** : 새로운 말을 표기할 때, 기존 한자의 음만을 빌어서 나타낸 것

  예 印度(インド),   葡萄(ブドウ)
     釈迦(シャカ),   阿弥陀(アミダ)

4. 필순의 원칙

한자 쓰는 기본 순서		쓰는 법	예
왼쪽에서 오른쪽으로		一	一 二 三
위에서 아래로		丨	川 十 中
왼쪽에서 오른쪽으로, 그리고 아래로		勹	口 日 国
위에서 아래로, 그리고 오른쪽으로		乚	七 山 見
획 긋는 법 3가지	내리긋기 (止める)	二	一 木 土
	내리빼기 (はらう)	人	人 火 十
	삐치기 (はねる)	九	九 水 手

5. 부수(部首)의 명칭과 한자

부수란 한자를 형태에 따라 좌우 상하 등 몇 개의 부분으로 나누었을 때, 대표되는 부분을 말한다. 이때 부수는 한자의 어느 위치에 놓이느냐에 따라 그 명칭을 7가지로 나눌 수 있다.

■ へん(偏, 변): 한자의 왼쪽 부분에 놓이는 경우

부수	명칭(일본/한국)		의미	예		
イ(人)	にんべん	사람인변	사람의 상태, 성질	住	体	休
彳	ぎょうにんべん	두인변	길, 길 가는 동작	役	待	後
扌(手)	てへん	재방변(손수변)	손의 동작	投	打	持
氵(水)	さんずい	삼수변	하천, 물의 흐름	泳	波	池
ネ(示)	しめすへん	보일시변	신, 제사	神	社	礼
木	きへん	나무목변	수목, 목제품	林	板	根
禾	のぎへん	벼화변	곡물, 수확	秋	科	秒
糸	いとへん	실사변	생사, 직물	組	絵	縁
言	ごんべん	말씀언변	말, 표현	記	話	語

■ つくり(旁, 방): 한자의 오른쪽 부분에 놓이는 경우

부수	명칭(일본/한국)		의미	예		
リ(刀)	りっとう(かたな)	선칼도방(칼도)	칼의 종류, 상태	列	前	切
阝(邑)	おおざと	우부방	사람들이 사는 장소	部	都	郡
頁	おおがい	머리혈	머리, 사람의 모습	顔	頭	

かんむり(冠, 머리): 한자의 윗부분에 놓이는 경우

부수	명칭(일본/한국)		의미	예
宀	うかんむり	갓머리	가옥, 가옥의 상태	家　安　実
⺾(艸)	くさかんむり	초두머리	풀의 종류, 상태	草　花　葉
⼇	はつがしら	필발머리	발동작	発　登

 あし(脚, 발): 한자의 아랫부분에 붙는 것

부수	명칭(일본/한국)		의미	예
儿	ひとあし	어진사람인발	뛰어난 사람, 제사장, 임금	兄　元　先
心	こころ	마음심	심정	急　悪　悲

 たれ(垂, 엄): 한자의 위에서 왼쪽으로 둘러싸고 있는 경우

부수	명칭(일본/한국)		의미	예
尸	しかばね	주검시엄	주검의 누운 모습	局　屋
疒	やまいだれ	병질엄	병, 상해	病
广	まだれ	엄호	지붕, 건조물(建造物)	度　庫　庭

にょう(繞, 받침): 한자의 왼쪽에서 아랫부분을 감싸고 있는 것

부수	명칭(일본/한국)		의미	예
辶(辵)	しんにょう	책받침	길을 가다, 나아가다	返 送 速
走	そうにょう	달릴주	달리다	起

かまえ(構, 몸): 한자의 바깥 측을 에워싸고 있는 경우

부수	명칭(일본/한국)		의미	예
匚	かくしがまえ	감출혜몸	물건을 가리다, 구획을 짓다	区 医
門	もんがまえ	문문	입구, 바깥 울타리	開 間
囗	くにがまえ	큰입구몸	울타리, 에워싸다	回 図 国

PART 1

1학년
학습한자

1학년에서는
80자를 배워요!!

숫자와 돈

한자 **미리보기**

一 二 三 四 五 六 七 八 九 十 百 千
円 玉

001 (한)일	획수 1 부수 一	一
	훈 ひと/ひとつ 음 イチ/イツ	
N5		

• 一つ 하나, 한 개	メロンを一つください。 멜론을 한 개 주세요.
• 一月 1월	一月も今日でラストですね。1월도 오늘로 마지막이네요.
＊一日 초하루, 1일	私の誕生日は一月一日です。제 생일은 1월 1일입니다.

002 (두)이	획수 2 부수 二	二 二
	훈 ふた/ふたつ 음 ニ	
N5		

• 二つ 둘, 두 개	かばんを二つも買いました。 가방을 두 개나 샀습니다.
• 二月 2월	もう二月ですね。 벌써 2월이네요.
＊二日 2일	二月二日は何の日でしょうか。 2월 2일은 무슨 날일까요?

003 (석)삼	획수 3 부수 一	三 三 三
	훈 み/みつ/みっつ 음 サン	
N5		

• 三月 석 달	それから三月が経ちました。 그 뒤로 석 달이 지났습니다.
• 三つ 셋, 세 개	これを三つください。 이것을 세 개 주세요.
• 三月 3월	今日は三月三日です。 오늘은 3월 3일입니다.

004 (넉)사	획수 5 부수 口	四 四 四 四 四
四 N5	훈 よ/よつ/よっつ/よん 음 シ	

- 四人 네 명
 （よにん）
- 四本 네 자루
 （よんほん）
- 四月 4월
 （しがつ）

私には四人の娘がいます。 저에게는 네 명의 딸이 있습니다.
 （わたし）（むすめ）

鉛筆を四本買いました。 연필을 네 자루 샀습니다.
 （えんぴつ）（か）

今日は四月四日です。 오늘은 4월 4일입니다.
 （きょう）（よっか）

005 (다섯)오	획수 4 부수 二	五 五 五 五
五 N5	훈 いつ/いつつ 음 ゴ	

- 五日 5일
 （いつか）
- 五つ 다섯, 다섯 개
 （いつ）
- 五月 5월
 （ごがつ）

子供の日は五月五日です。 어린이날은 5월 5일입니다.
 （こども）（ひ）（ごがつ）

彼は五つの大学に合格しました。 그는 다섯 개 대학에 합격했습니다.
 （かれ）（だいがく）（ごうかく）

もう五月に入りました。 벌써 5월에 접어들었습니다.
 （はい）

006 (여섯)육/륙	획수 4 부수 八	六 六 六 六
六 N5	훈 む/むつ/むっつ/むい 음 ロク	

- 六つ 여섯, 여섯 개
 （むっ）
- 六日 6일
 （むいか）
- 六月 6월
 （ろくがつ）

坊やは六つです。 아이(사내아이)는 6살입니다. ➡ 「～つ」는 어린아이의 나이를 셀 때도 사용함.
 （ぼう）

三学期は一月六日から始まります。 3학기는 1월 6일부터 시작됩니다.
 （さんがっき）（いちがつ）（はじ）

今日から六月です。 오늘부터 6월입니다.
 （きょう）

007 (일곱)칠	획수 2 부수 一	七 七
七 N5	훈 なな/ななつ/なの 음 シチ	

- 七色 칠색, 일곱 빛깔
 （なないろ）
- 七つ 일곱, 일곱 개
 （なな）
- 七月 7월
 （しちがつ）

虹は本当に七色ですか。 무지개는 정말로 일곱 빛깔입니까?
 （にじ）（ほんとう）

おにぎりを七つ作りました。 주먹밥을 일곱 개 만들었습니다.
 （つく）

七月七日は七夕です。 7월 7일은 칠석입니다.
 （なのか）（たなばた）

008 (여덟)팔	획수 2 부수 八	八　八
	훈 や/やつ/やっつ/よう	
八	음 ハチ	
N5		

• 八重 여러 겹	庭に八重桜の木を植えました。 뜰에 겹벚꽃 나무를 심었습니다.
• 八つ 여덟, 여덟 개	トマトが八つあります。 토마토가 여덟 개 있습니다.
• 八月 8월	八月八日は、一体何の日ですか。 8월 8일은 도대체 무슨 날입니까?

009 (아홉)구	획수 2 부수 乙	九　九
	훈 ここの/ここのつ	
九	음 キュウ/ク	
N5		

• 九つ 아홉, 아홉 개	九つの梨があります。 아홉 개의 배가 있습니다.
• 九枚 아홉 장	色紙を九枚集めました。 색종이를 아홉 장 모았습니다.
• 九月 9월	九月九日は 妹 の誕生日です。 9월 9일은 여동생의 생일입니다.

010 (열)십	획수 2 부수 十	十　十
	훈 とお/と	
十	음 ジュウ/ジッ	
N5		

• 十日 10일	このイベントは十日までです。 이 행사는 10일까지입니다.
• 十色 십색	人の顔は十人十色だ。 사람의 얼굴은 십인십색이다.
• 十月 10월	体育の日は、もともと十月十日でした。 체육의 날은 원래 10월 10일이었습니다.

011 (일백)백	획수 6 부수 白	百 百 百 百 百 百
	훈 ―	
百	음 ヒャク	
N5		

• 百日 100일	大学入試まであと百日です。 대학 입시까지 앞으로 100일입니다.
!百個 백 개	花の名前を百個覚えました。 꽃의 이름을 백 개 외웠습니다.
＊八百屋 채소가게	八百屋は近くにありますか。 채소 가게는 근처에 있습니까?

012 (일천)천	획수 3 부수 十	千 千 千
千 N5	훈 ち 음 セン	

- 千代 천년, 영원
- 千年 천 년

千代紙を買いました。(일본 전통 종이로 만든)색종이를 샀습니다.

千年の都、京都。천 년의 수도, 교토.

013 (둥글)원	획수 4 부수 冂	円 円 円 円
円 N5 圓	훈 まるい 음 エン	

- 円い 둥글다
- 104円 104엔

昨日円いテーブルを買いました。어제 둥근 테이블을 샀습니다.

この消しゴムは104円です。이 지우개는 104엔입니다.

014 (구슬)옥	획수 5 부수 玉	玉 玉 玉 玉 玉
玉 N4	훈 たま 음 ギョク	

- 玉 옥, 구슬
- ! 百円玉 백 엔짜리 동전
- 玉体 옥체

玉をピカピカに磨きます。구슬을 반짝반짝하게(윤이 나게) 닦습니다.

道で百円玉を拾いました。길에서 백 엔짜리 동전을 주웠습니다.

天皇の玉体。천황의 옥체.

I. 밑줄 친 부분의 한자 읽기를 히라가나로 쓰시오 .

1 一、二、三、四、五、六、七、八、九 、十。
<small>いち　に　さん　　ご　ろく　　はち　く/きゅう　じゅう</small>

2 すみません。一年 五組の 教室は どちらですか。
<small>いちねん　くみ　きょうしつ</small>

3 一つ、二つ、三つ、四つ、五つ、六つ、七つ、八つ、九つ、十。
<small>ひと　　　みっ　　よっ　　いつ　　　なな　　やっ　　　とお</small>

4 いま、ここに 学生が 四人 います。
<small>がくせい　にん</small>

5 世の中には いろんな 人が いて、十人十色です。
<small>よ　なか　　　　　　ひと　　　にん　いろ</small>

6 この 学校には 百人の 先生が います。
<small>がっこう　にん　せんせい</small>

7 明日から ぼくは 大学 一年生です。
<small>あした　　　　だいがく　ねんせい</small>

8 娘は もうすぐ 二歳に なります。
<small>むすめ　　　　　さい</small>

9 1ドルは ほぼ 100円に 等しいです。
<small>ひと</small>

10 その USBメモリは 500円玉より 小さいです。
<small>ちい</small>

낱말과 표현

～年 ～組 ～학년 ～반 | 教室 교실 | 世の中 세상 | 娘 딸 | ドル 달러 | ほぼ 거의 | 等しい 같다, 동일하다 |
USBメモリ USB메모리 | ～より ～보다 | 小さい 작다

II. 다음 □ 안에 꼭 들어맞는 한자를 쓰시오 .

1 東京から ソウルまで 飛行機で □^に 時間ぐらいです。

1 東京から ソウルまで 飛行機で □ 時間ぐらいです。

2 今年は 3歳に なる 娘の □□□ です。

3 日本国内で 海の ない 都道府県は、□ つ あります。

4 リナちゃんは 今年で □ 歳に なります。

5 先生は □□□ 歳ですが、とても 元気です。

6 韓国では □ 月 □ 日は お休みです。

7 それは 五百 □□ では ありません。

8 昨日 友達と いっしょに □□ ショップに 行きました。

9 すみません。りんご □ つと メロンを □ つ ください。

10 その □ い お皿は、いくらですか。

낱말과 표현

飛行機 비행기 | 時間 시간 | くらい(ぐらい) 정도 | 海 바다 | 都道府県 일본의 행정 구역인 도(都) · 도(道) · 부(府) · 현(縣) |
今年 금년 | 元気だ 건강하다 | ショップ 상점 | お皿 접시

한자 **미리보기**

年 月 火 水 木 金 土 日

015 (해)년/연	**획수** 6 **부수** 干	年 年 年 年 年 年
年 N5	**훈** とし **음** ネン	

- 毎年/毎年 매년
- 来年 내년
- ＊今年 금년

毎年四月にカナダへ行きます。 매년 4월에 캐나다에 갑니다.
来年七月にイタリアへ行きます。 내년 7월에 이탈리아에 갑니다.
今年は二月が29日あります。 금년은 2월이 29일 있습니다.

016 (달)월	**획수** 4 **부수** 月	月 月 月 月
月 N5	**훈** つき **음** ゲツ/ガツ	

- 月 달
- 月曜日 월요일
- 一月 1월

月がとてもきれいですね。 달이 매우 예쁘네요.
今日から月曜日まで休みます。 오늘부터 월요일까지 쉽니다.
彼女の誕生日は一月五日です。 그녀의 생일은 1월 5일입니다.

017 (불)화	**획수** 4 **부수** 火	火 火 火 火
火 N5	**훈** ひ/ほ **음** カ	

- 火 불
- 火影 불빛, 등불
- 火曜日 화요일

ろうそくに火をつけます。 양초에 불을 붙입니다.
遠くに火影が見えます。 멀리 불빛이 보입니다.
二月七日は火曜日です。 2월 7일은 화요일입니다.

018 (물)수 水 N5	획수 4 부수 水 훈 みず 음 スイ	水 水 水 水

• 水 물
(みず)
• 水玉 물방울
(みずたま)
• 水曜日 수요일
(すいようび)

この川の水はとてもきれいですね。 이 강물은 정말 맑군요.
(かわ)

水玉もようの傘が私のです。 물방울무늬 우산이 제 것입니다.
(かさ)(わたし)

今日は水曜日です。 오늘은 수요일입니다.
(きょう)

019 (나무)목 木 N5	획수 4 부수 木 훈 き/こ 음 ボク/モク	木 木 木 木

• 木 나무
(き)
• 大木 큰 나무
(たいぼく)
• 木曜日 목요일
(もくようび)

公園に木がたくさんあります。 공원에 나무가 많이 있습니다.
(こうえん)

大木が嵐でたおれました。 거목이 폭풍으로 쓰러졌습니다.
(あらし)

四月六日は木曜日です。 4월 6일은 목요일입니다.
(しがつむいか)

020 (쇠)금/(성)김 金 N5	획수 8 부수 金 훈 かね/かな 음 キン/コン	金 金 金 金 金 金 金 金

• お金 돈
(かね)
• 金物屋 철물점
(かなものや)
• 金曜日 금요일
(きんようび)

今すぐお金が要ります。 지금 바로 돈이 필요합니다.
(いま)(い)

これは金物屋で買いました。 이것은 철물점에서 샀습니다.
(か)

金曜日に学校へ行きますか。 금요일에 학교에 갑니까?
(がっこう)(い)

021 (흙)토 土 N5	획수 3 부수 土 훈 つち 음 ド/ト	土 土 土

• 土 흙
(つち)
• 土曜日 토요일
(どようび)
• 土地 토지
(とち)

アリは土の中に巣を作ります。 개미는 흙 속에 집을 짓습니다.
(なか)(す)(つく)

土曜日は休みです。 토요일은 쉽니다.
(やす)

土地は高いですか。 토지는 비쌉니까?
(たか)

022 (날)일	획수 4 부수 日	日 日 日 日
日 N5	훈 ひ/か 음 ニチ/ジツ	

- 海の日 바다의 날
- ! 日曜日 일요일
- ＊ 今日 금일, 오늘

海の日は明後日です。바다의 날은 모레입니다.

明日は日曜日です。내일은 일요일입니다.

今日は何曜日ですか。오늘은 무슨 요일입니까?

플러스 어휘　**날짜 읽기**

ついたち 一日 1일	むいか 六日 6일
ふつか 二日 2일	なのか 七日 7일
みっか 三日 3일	ようか 八日 8일
よっか 四日 4일	ここのか 九日 9일
いつか 五日 5일	とおか 十日 10일

I. 밑줄 친 부분의 한자 읽기를 히라가나로 쓰시오.

1 来年の クリスマスイブは 何曜日ですか。

2 毎週、土曜日と 日曜日は 休みです。

3 今夜は 月が 赤く 見えますね。

4 あそこの 金物屋は あまり 安く ありません。

5 2003年から「海の日」は 7月の 第3月曜日と なりました。

6 スミスさん、あの 木の 下で 休みましょう。

7 あなたは 一日に どれくらい 水を 飲みますか。

8 1年の なかで 結婚式が 多い 時期は、十月と 十一月です。

9 毎年、お正月には 家族で ハワイに 行きます。

10 この 辺りの 土地は あまり 高く ありません。

낱말과 표현

クリスマスイブ 크리스마스 이브 | **毎週** 매주 | **今夜** 오늘 밤 | **見える** 보이다 | **一日に** 하루에 | **飲む** 마시다 |
結婚式 결혼식 | **時期** 시기 | **お正月** 설, 정월 | **辺り** 주변

II. 다음 □ 안에 꼭 들어맞는 한자를 쓰시오 .

1 月曜日 _{げつようび} － □ 曜日 _{か／ようび} － 水曜日 _{すいようび} － □ 曜日 _{もく／ようび} － 金曜日 _{きんようび} － □ 曜日 _{ど／ようび} － 日曜日 _{にちようび}

2 子供たちは _{こども} □ の 下に タイムカプセルを 埋めました。 _{き／した／う}

3 東の _{ひがし} 空に _{そら} きれいな □ が 昇りました。 _{つき／のぼ}

4 パンダは とても よく □ を 飲みます。 _{みず／の}

5 木村さん、 _{きむら} 今 □ の 授業は _{きょう／じゅぎょう} 何時から _{なんじ} 何時までですか。 _{なんじ}

6 中村先生、 _{なかむらせんせい} 九 □ に 咲く _{く／がつ／さ} 花には _{はな} 何が _{なに} ありますか。

7 彼女は _{かのじょ} 毎 □ 、 _{まい／ねん} 一人で _{ひとり} 海外旅行に _{かいがいりょこう} 行きます。 _い

8 休みの _{やす} □ は いつも 何を _{ひ／なに} しますか。

9 彼は _{かれ} タバコに □ を つけましたが、 _ひ すぐに 消しました。 _け

10 ぼくは お □ より 休みが _{かね／やす} ほしいです。

낱말과 표현

タイムカプセルを 埋める _う 타임캡슐을 묻다 | **昇る** _{のぼ} 떠오르다 | **パンダ** 팬더 | **咲く** _さ 피다 | **海外旅行** _{かいがいりょこう} 해외여행 |
タバコ 담배 | **つける** (불을)붙이다 | **消す** 끄다 | **ほしい** 갖고 싶다

:

UNIT 03 자연과 숲

전사 내용

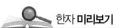

한자 미리보기

山 川 石 空 夕 天 雨 気 林 森

023 (뫼)산 **山** N5	**획수** 3 **부수** 山 **훈** やま **음** サン	山 山 山
• 山 산 (やま) • 富士山 후지산 (ふ じ さん) ! 火山 화산 (か ざん)	あの山の名前は何ですか。 저 산의 이름은 무엇입니까? 富士山はとてもきれいです。 후지산은 매우 아름답습니다. 日本は火山の多い国です。 일본은 화산이 많은 나라입니다.	

024 (내)천 **川** N5	**획수** 3 **부수** 川(巛) **훈** かわ **음** セン	川 川 川
• 川 강, 내, 시내 (かわ) • 川縁 강가, 물가 (かわべり) • 河川 하천 (か せん)	川で遊びました。 강에서 놀았습니다. 私は川縁を歩きました。 나는 강가를 걸었습니다. 日本には、河川がたくさんあります。 일본에는 하천이 많이 있습니다.	

025 (돌)석 **石** N4	**획수** 5 **부수** 石 **훈** いし **음** セキ/シャク/コク	石 石 石 石 石
• 石 돌 (いし) • 宝石 보석 (ほうせき) • 磁石 자석 (じ しゃく)	川べりで白い石を拾いました。 강가에서 하얀 돌을 주웠습니다. 宝石がほしいです。 보석을 갖고 싶습니다. 磁石で遊びました。 자석으로 놀았습니다.	

026 (빌)공 空 N5	획수 8 부수 穴 훈 そら/から/あく あける 음 クウ	空空空空空空空空

- 空(そら) 하늘
- 空(から) (속이)빔
- 空気(くうき) 공기

今日は青い空ですね。오늘은 푸른 하늘이군요.

その箱はほとんど空です。그 상자는 거의 비었습니다.

ソウルは空気がよくありません。서울은 공기가 좋지 않습니다.

027 (저녁)석 夕 N4	획수 3 부수 夕 훈 ゆう 음 セキ	タタタ

- 夕日(ゆうひ) 석양(빛)
- 夕陽(せきよう) 석양
- *七夕(たなばた) 칠석

きれいな夕日ですね。아름다운 석양이네요.

まもなく夕陽が沈みます。곧 석양이 집니다.

今日は七月七日(きょうしちがつなのか)、七夕です。오늘은 7월 7일, 칠석입니다.

028 (하늘)천 天 N5	획수 4 부수 大 훈 あめ/あま 음 テン	天天天天

- 天地/天地(あめつち/てんち) 천지, 우주
- 天の川(あまがわ) 은하수
- 天気(てんき) 날씨

天地(あめつち)の道(みち)。천지·자연의 도리. ➡「あめつち」는 예스러운 말투로 보통은「てんち」라고 읽음.

天の川(あまがわ)を見(み)たことがありますか。은하수를 본 적이 있습니까?

いいお天気ですね。좋은 날씨군요.

029 (비)우 雨 N5	획수 8 부수 雨 훈 あめ/あま 음 ウ	雨雨雨雨雨雨雨雨

- 雨(あめ) 비
- 雨雲(あまぐも) 비구름
- 雨天(うてん) 우천

昨日(きのう)は雨でした。어제는 비가 내렸습니다.

雨雲がやっと去(さ)りました。비구름이 겨우 사라졌습니다.

雨天の場合(ばあい)はどうなりますか。우천의 경우는 어떻게 됩니까?

030 (기운)기	획수 6 부수 气	気 気 気 気 気 気
気	훈 ―	
N5 氣	음 キ/ケ	

- 気 기, 성질
- 気持ち 기분, 감정
- 気配 기척, 낌새

彼は気が強いです。 그는 기가 셉니다.

人の気持ちを考えます。 남의 기분을 생각합니다.

人の気配がしました。 인기척이 났습니다.

031 (수풀)림/임	획수 8 부수 木	林 林 林 林 林 林 林 林
林	훈 はやし	
N4	음 リン	

- 林 숲, 수풀
- 山林 산림

林の中で遊びました。 숲 속에서 놀았습니다.

山林を売りたいです。 산림을 팔고 싶습니다.

032 (수풀)삼	획수 12 부수 木	森 十 才 杢 森 森 森 森 森 森 森 森
森	훈 もり	
N4	음 シン	

- 森 숲
- 青森県 아오모리현
- 森林 삼림

森の中に家があります。 숲 속에 집이 있습니다.

青森県はりんごで有名です。 아오모리현은 사과로 유명합니다.

日本には森林がたくさんあります。 일본에는 삼림이 많이 있습니다.

I. 밑줄 친 부분의 한자 읽기를 히라가나로 쓰시오.

1 休みの 日には、近くの 林を 散歩します。

2 日本は 山が 多いですが、火山も 多いです。

3 先週の 日曜日、友達と いっしょに 川で 遊びました。

4 あの 有名な 100円ショップで 磁石を 買いました。

5 私は 今日、家族と いっしょに 七夕祭りに 行きました。

6 この 辺りは 水と 空気が きれいです。

7 きれいな 夕日を 見ながら コーヒーを 飲みます。

8 昨日は、すこし 寒かったですが、いい 天気でした。

9 雨の 日は いつも 家で テレビを 見ます。

10 小林さんは 毎日 森の 中を 歩きます。

낱말과 표현

散歩する 산책하다 | **遊ぶ** 놀다 | **有名だ** 유명하다 | **買う** 사다 | **祭り** 축제 | **きれいだ** 깨끗하다, 아름답다 |
コーヒー 커피 | **テレビ** 텔레비전 | **見る** 보다 | **歩く** 걷다

II. 다음 □ 안에 꼭 들어맞는 한자를 쓰시오 .

1 彼女（かのじょ）は 毎週（まいしゅう）日曜日（にちようび）に □（やま）に 登（のぼ）ります。

2 公園（こうえん）で 友達（ともだち）と □（いし）蹴（け）りを して 遊（あそ）びました。

3 朝（あさ）の □□（くう き）は □（き）持（も）ちが いいです。

4 こんなに 赤（あか）い □（ゆう）日（ひ）は 初（はじ）めて 見（み）ました。

5 今日（きょう）は 朝（あさ）から とても いい □（てん）気（き）でした。

6 昨日（きのう）は たくさん □（あめ）が 降（ふ）りました。

7 夏休（なつやす）みは 家族（かぞく）みんなで □（もり）の 中（なか）で 過（す）ごしました。

8 □（もり）や □（はやし）の ことを、□□（しん りん）と いいます。

9 この □（かわ）の 水（みず）は とても きれいです。

10 明日（あした）の イベントは □□（う てん）の 場合（ばあい）、中止（ちゅうし）と なります。

낱말과 표현

登（のぼ）る 올라가다 | 蹴（け）り 차기 | 初（はじ）めて 처음으로 | 降（ふ）る 내리다 | 過（す）ごす 지내다 | ～と いう ～라고 하다 |
イベント 이벤트 | 場合（ばあい） 경우 | 中止（ちゅうし） 중지 | ～と なる ～이 되다

농촌과 동식물

 한자 **미리보기**

田 村 貝 犬 虫 花 竹 草

033 (밭)전	**획수** 5 **부수** 田	田 田 田 田 田
田 N4	**훈** た **음** デン	

- た
田んぼ 논
- たう
田植え 모내기
- すいでん
水田 수전, 논

田んぼで米を作ります。 논에서 쌀을 재배합니다.

いつ田植えをしますか。 언제 모내기를 합니까?

家の前に水田があります。 집 앞에 논이 있습니다.

034 (마을)촌	**획수** 7 **부수** 木	村 村 村 村 村 村 村
村 N4	**훈** むら **음** ソン	

- むら
村 마을, 촌락
- のうそん
農村 농촌

この村はとても静かです。 이 마을은 매우 조용합니다.

私は農村の風景が好きです。 나는 농촌 풍경을 좋아합니다.

035 (조개)패	**획수** 7 **부수** 貝	貝 貝 貝 貝 貝 貝 貝
貝 N4	**훈** かい **음** —	

- かい
貝 조개
- かい
貝がら 조가비

貝の味噌汁を作りました。 조개 된장국을 만들었습니다.

海で貝がらを拾いました。 바다에서 조가비를 주웠습니다.

036 (개)견	획수 4 부수 犬	犬 大 大 犬
犬 N4	훈 いぬ 음 ケン	

- 犬 개
- 犬小屋 개집
- 名犬 명견

彼は犬の世話をしません。 그는 개를 돌보지 않습니다.

昨日、犬小屋を作りました。 어제 개집을 만들었습니다.

やはり名犬の子は名犬ですね。 역시 명견의 새끼는 명견이군요.

037 (벌레)충	획수 6 부수 虫	虫 虫 虫 虫 虫 虫
虫 N4 蟲	훈 むし 음 チュウ	

- 虫 벌레
- 泣き虫 울보
- 昆虫 곤충

私の部屋に虫がいます。 제 방에 벌레가 있습니다.

この子は泣き虫です。 이 아이는 울보입니다.

とんぼは昆虫のなかまです。 잠자리는 곤충의 무리입니다.

038 (꽃)화	획수 7 부수 艹(艸)	花 花 花 花 花 花 花
花 N5 花	훈 はな 음 カ	

- 花 꽃
- 花びん 꽃병

庭にきれいな花が咲きました。 뜰에 예쁜 꽃이 피었습니다.

黒い花びんを買いました。 검은 꽃병을 샀습니다.

039 (대)죽	획수 6 부수 竹	竹 竹 竹 竹 竹 竹
竹 N4	훈 たけ 음 チク	

- 竹 대나무
- 竹とんぼ 도르래
- 竹林 대숲, 대나무 숲

これは竹で作りました。 이것은 대나무로 만들었습니다.

竹とんぼを飛ばします。 도르래를 날립니다.

毎日竹林に入ります。 매일 대나무 숲에 들어갑니다.

040 (풀)초	획수 9 부수 ⺾(艸)	草草草草草草草草草
草 훈 くさ 음 ソウ		
N4 草		

- 草 풀 (くさ)
- 草花 화초 (くさばな)
- 草原 초원 (そうげん)

庭の草をとりました。 정원의 풀을 뽑았습니다. (にわ)

それは何という草花ですか。 그것은 뭐라는 화초입니까? (なん)

アフリカの草原は、 とても広いです。 아프리카의 초원은 매우 넓습니다. (ひろ)

플러스 어휘   **농촌에서 기르는 대표적인 가축**

犬 개 (いぬ)

猫 고양이 (ねこ)

馬 말 (うま)

牛 소 (うし)

豚 돼지 (ぶた)

羊 양 (ひつじ)

山羊 염소, 산양 (や ぎ)

鹿 사슴 (しか)

兎 토끼 (うさぎ)

鶏 닭 (にわとり)

家鴨 집오리 (あひる)

鵞鳥 거위 (が ちょう)

七面鳥 칠면조 (しちめんちょう)

駝鳥 타조 (だ ちょう)

I. 밑줄 친 부분의 한자 읽기를 히라가나로 쓰시오.

1 昨日 海岸で きれいな 貝を 拾いました。

2 毎朝、私は 犬と 一緒に 散歩します。

3 あなたの 嫌いな 虫は 何ですか。

4 今年も きれいな 桜の 花が 咲きました。

5 昔は この 辺りは 田んぼばかりでしたよ。

6 彼女の 村は 川の 向こうに ありました。

7 この かわいい 花びんは どこに 置きましょうか。

8 あそこに 見える 建物は、すべて 竹で 作りました。

9 先生、アリも 昆虫の なかまですか。

10 二人は 草の 上に 座りました。

낱말과 표현

海岸 해안 | **拾う** 줍다 | **嫌いだ** 싫어하다 | **昔** 옛날 | **~ばかり** ~만, ~뿐 | **向こう** 맞은편 | **置く** 두다 | **建物** 건물 |
作る 만들다 | **座る** 앉다

II. 다음 □ 안에 꼭 들어맞는 한자를 쓰시오.

1 私は □ が 本当に きらいです。

2 この 店は □ の 料理が とても おいしいですよ。

3 猫と □ と どちらが 賢いですか。

4 庭の □ を 取るのは 大変です。

5 来週の 土曜日に、□ 植えの 見学に 行きます。

6 □ の 箸で ごはんを 食べます。

7 この □ には 大きな □ 林が あります。

8 植木に 赤い □ が 咲きました。

9 モンゴルには □ 原が たくさん あります。

10 一昨日、名 □ ラッシーの 絵本を 買いました。

낱말과 표현

本当に 정말로 | **料理** 요리 | **賢い** 영리하다 | **取る** 뽑다 | **大変だ** 힘들다 | **見学に 行く** 견학을 가다 | **箸** 젓가락 |
植木 정원수 | **咲く** (꽃이)피다 | **一昨日** 그저께 | **絵本** 그림책

36

UNIT 05 크기와 위치, 색

 한자 **미리보기**

大 中 小 左 右 上 下 白 青 赤

041 (큰)대 大 N5	획수 3 부수 大 훈 おお/おおきい 　おおいに 음 ダイ/タイ	大 大 大

- 大^{おお}きい 크다
- 大学^{だいがく} 대학
- 大使館^{たいしかん} 대사관

中国^{ちゅうごく}は日本^{にほん}よりずっと大きいです。 중국은 일본보다 훨씬 큽니다.

娘^{むすめ}は今年^{ことし}大学に入^{はい}りました。 딸은 금년에 대학에 들어갔습니다.

日本^{にほん}大使館はどこにありますか。 일본 대사관은 어디에 있습니까?

042 (가운데)중 中 N5	획수 4 부수 丨 훈 なか 음 チュウ/ジュウ	中 中 中 中

- 中^{なか} 속, 안
- 中国人^{ちゅうごくじん} 중국인
- 一日中^{いちにちじゅう} 하루 종일

箱^{はこ}の中に何^{なに}がありますか。 상자 안에 무엇이 있습니까?

ワンさんは中国人です。 왕 씨는 중국인입니다.

今日^{きょう}は一日中勉強^{べんきょう}しました。 오늘은 하루 종일 공부했습니다.

043 (작을)소 小 N5	획수 3 부수 小 훈 ちいさい/こ/お 음 ショウ	小 小 小

- 小^{ちい}さい 작다
- 小鳥^{ことり} 작은 새
- 小学校^{しょうがっこう} 초등학교

この靴^{くつ}は小さいです。 이 구두는 작습니다.

ほら! あの木^きに小鳥がいる。 이봐! 저 나무에 작은 새가 있다.

娘^{むすめ}は小学校2年生^{ねんせい}です。 딸은 초등학교 2학년입니다.

044 (왼쪽)좌 左 N5	획수 5 부수 工 훈 ひだり 음 サ	左 左 左 左 左
• 左 왼쪽 • 左足 왼발 • 左右 좌우	郵便局の左に銀行があります。 우체국 왼쪽에 은행이 있습니다. 左足でボールを蹴ります。 왼발로 공을 찹니다. 左右をよく見てください。 좌우를 잘 보세요.	

045 (오른쪽)우 右 N5	획수 5 부수 口 훈 みぎ 음 ウ/ユウ	右 右 右 右 右
• 右 오른쪽 • 右翼 우익	右に海が、左に山が見えます。 오른쪽에 바다가 왼쪽에 산이 보입니다. 私は右翼でも左翼でもありません。 저는 우익도 좌익도 아닙니다.	

046 (윗)상 上 N5	획수 3 부수 一 훈 うえ/うわ/かみ あげる/あがる/のぼる のぼせる/のぼす 음 ジョウ/ショウ	上 上 上
• 上 위 • 上げる 들다 ✲ 上手だ 잘하다	机の上にノートがあります。 책상 위에 노트가 있습니다. 右手を上げます。 오른손을 듭니다. キムさんはダンズが上手です。 김 씨는 춤을 잘 춥니다.	

047 (아래)하 下 N5	획수 3 부수 一 훈 した/しも/もと さげる/さがる/くだる くだす/くださる おろす/おりる 음 カ/ゲ	下 下 下
• 下 아래 • 下がる 내리다 • 上下 상하	テーブルの下に猫がいます。 테이블 아래에 고양이가 있습니다. やっと熱が下がりました。 겨우 열이 내렸습니다. 卵には上下があります。 달걀에는 위아래가 있습니다.	

048 (흰/아뢸)백 白 N5	획수 5 부수 白 훈 しろ/しら/しろい 음 ハク/ビャク	白 白 白 白 白

- 白ワイン 백포도주
- 白い 하얗다
- 白線 백선, 흰 줄

私は白ワインが好きです。 나는 백포도주를 좋아합니다.

白いかばんを買いました。 하얀 가방을 샀습니다.

白線の内側にお下がりください。 흰 선 안쪽으로 물러나 주십시오.

049 (푸를)청 青 N4 青	획수 8 부수 青(靑) 훈 あお/あおい 음 セイ/ショウ	青 青 青 青 青 青 青 青

- 青 파랑
- 青い 파랗다
- 青年 청년

弟 は青が好きです。 남동생은 파랑을 좋아합니다.

青い花の名前は何ですか。 파란 꽃의 이름은 무엇입니까?

あの青年は日本人ですか。 저 청년은 일본인입니까?

050 (붉을)적 赤 N4	획수 7 부수 赤 훈 あか/あかい あからむ/あからめる 음 セキ/シャク	赤 赤 赤 赤 赤 赤 赤

- 赤ちゃん 아기
- 赤い 빨갛다
- 赤飯 팥밥

女の子の赤ちゃんが生まれました。 여자 아기가 태어났습니다.

あの赤いセーターをください。 저 빨간 스웨터를 주세요.

今朝、赤飯を食べました。 오늘 아침에 팥밥을 먹었습니다.

I. 밑줄 친 부분의 한자 읽기를 히라가나로 쓰시오 .

1 村山さんの 左に 猫が います。

2 あの 青年は 学生ですか。

3 信号が 青でも 左右を 見ながら 渡りましょう。

4 この 小さくて 白い 花の 名前は 何ですか。

5 あちらの 大きい 建物の 中には 何が ありますか。

6 周さんは 中国人で、サムスンの 社員です。

7 みなさん、静かに！答えが わかる 人は 手を 上げて ください。

8 郵便局の 右に きれいな 病院が あります。

9 テーブルの 下に 赤い お皿が あります。

10 電話は テレビの 上に あります。

낱말과 표현

猫 고양이 | 信号 신호 | 渡る 건너다 | 社員 사원 | 静かに 조용히 | 答えが わかる 대답을 알다 |
~て ください ~해 주세요 | 郵便局 우체국 | 病院 병원 | 電話 전화

II. 다음 □ 안에 꼭 들어맞는 한자를 쓰시오.

1 足_{あし}の □□_{さ ゆう} の サイズが 違_{ちが}う 人_{ひと}が 多_{おお}いです。

2 アメリカは とても □_{おお}きい 国_{くに}です。

3 昨日_{きのう} 新宿_{しんじゅく}で □_{ちい}さい カメラを 買_かいました。

4 部屋_{へ や}の □_{なか}に 子犬_{こ いぬ}が います。

5 テーブルの □_{した}に かばんが あります。

6 □_{しろ}ワインと □_{あか}ワインと どちらが 好_すきですか。

7 テレビの □_{うえ}に 猫_{ねこ}が います。

8 すみません。その □_{あお}い とうがらしは、1パック いくらですか。

9 もしもし、キムさん。□_{みぎ}の 方_{ほう}を 見_みて ください。

10 夫_{おっと}も 私_{わたし}も お □_{せき}飯_{はん}が 好_すきなので、ときどき 作_{つく}ります。

낱말과 표현

足_{あし} 발 | 違_{ちが}う 다르다 | **アメリカ** 미국 | 国_{くに} 나라, 국가 | **カメラ** 카메라 | **部屋**_{へ や} 방 | 子犬_{こ いぬ} 강아지 | **とうがらし** 고추 |
パック 팩 | **夫**_{おっと} 남편

UNIT 06 사람과 인체

한자 **미리보기**

人 男 女 王 子 目 耳 足 口 手

---

051 (사람)인

人

N5

획수 2 **부수** 人

훈 ひと
음 ジン/ニン

人 人

- ひと
  人 사람
- ちゅうごくじん
  中国人 중국인
- ～にん
  ～人 ～사람, ~명

あの人は日本人ではありません。 저 사람은 일본인이 아닙니다.

あなたは中国人ですか。 당신은 중국인입니까?

三人で遊びました。 세 명이서 놀았습니다.

---

052 (사내)남

男

N5

획수 7 **부수** 田

훈 おとこ
음 ダン/ナン

男 男 男 男 男 男 男

- おとこ　ひと
  男の人 남자
- だんせい
  男性 남성
- ちょうなん
  長男 장남

あの男の人は日本人ですか。 저 남자는 일본인입니까?

どんな男性が好きですか。 어떤 남성을 좋아합니까?

先月、長男が生まれました。 지난달 장남이 태어났습니다.

---

053 (계집)녀

女

N5

획수 3 **부수** 女

훈 おんな/め
음 ジョ/ニョ/ニョウ

女 女 女

- おんな
  女 여자
- だんじょ
  男女 남녀
- ぜんなんぜんにょ
  善男善女 선남선녀

男より女のほうが長く生きます。 남자보다 여자가 오래 삽니다.

このクラスには40人の男女がいます。 이 반에는 40명의 남녀가 있습니다.

多くの善男善女が集まりました。 많은 선남선녀가 모였습니다.

054 (임금)왕	**획수** 4 **부수** 王(玉)	王 王 王 王

훈 ―
음 オウ

N4

- 王様 (おうさま) 임금님
- 王女 (おうじょ) 공주

昔々一人の王様がいました。옛날 옛적에 한 임금님이 있었습니다.
タイの王女が来日しました。태국의 공주가 일본에 왔습니다.

055 (아들)자	**획수** 3 **부수** 子	子 子 子

훈 こ
음 シ/ス

N5

- 子ども (こ) 아이
- 女子 (じょし) 여자
- 椅子 (いす) 의자

キムさんは子どもが3人います。김 씨는 아이가 세 명 있습니다.
女子トイレは2階です。여자 화장실은 2층입니다.
椅子の下にかばんがあります。의자 아래에 가방이 있습니다.

056 (눈)목	**획수** 5 **부수** 目	目 目 目 目 目

훈 め/ま
음 モク/ボク

N5

- 目 (め) 눈
- 目立つ (めだ) 눈에 띄다
- 目的 (もくてき) 목적

李さんは目がとてもきれいです。이 씨는 눈이 매우 예쁩니다.
私は目立つことが好きです。나는 눈에 띄는 것을 좋아합니다.
あなたの人生の目的は何ですか。당신의 인생 목적은 무엇입니까?

057 (귀)이	**획수** 6 **부수** 耳	耳 耳 耳 耳 耳 耳

훈 みみ
음 ジ

N5

- 耳 (みみ) 귀
- 早耳 (はやみみ) 소식통
- 耳鼻科 (じびか) 이비인후과

耳がよく聞こえません。귀가 잘 들리지 않습니다.
青山さんはすごい早耳ですね。아오야마 씨는 굉장한 소식통이네요.
風邪で耳鼻科に行きました。감기로 이비인후과에 갔습니다.

058 (발)족	획수 7 부수 足	足 足 足 足 足 足 足

足
N5

훈 あし/たりる/たる/たす
음 ソク

- 足 다리
- 足りる 충분하다
- ～足 ～켤레

彼女の足は細くてきれいです。그녀의 다리는 가늘고 예쁩니다.

パズルのピースが一つ足りません。퍼즐 조각이 하나 부족합니다.

同じ靴下を2足買いました。같은 양말을 두 켤레 샀습니다.

059 (입)구	획수 3 부수 口	口 口 口

口
N5

훈 くち
음 コウ/ク

- 口 입
- 人口 인구
- 口調 어조

口を大きく開けてください。입을 크게 벌려 주세요.

アメリカの人口はどのくらいですか。미국의 인구는 어느 정도입니까?

柔らかい口調で話します。부드러운 어조로 말합니다.

060 (손)수	획수 4 부수 手	手 手 手 手

手
N5

훈 て/た
음 シュ

- 手 손
- 助手 조수
- ＊下手だ 서투르다

手をきれいに洗ってください。손을 깨끗이 씻어 주세요.

彼は私を助手にしました。그는 나를 조수로 삼았습니다.

主人は歌が下手です。남편은 노래를 잘 못합니다.

I. 밑줄 친 부분의 한자 읽기를 히라가나로 쓰시오.

1 今日は 子どもと 二人で スーパーへ 行きました。

2 あそこに 男の人が いますね。あの 人は だれですか。

3 歌う 時は 口を 大きく 開けて 歌いなさい。

4 昔々 美しい 王女さまが いました。

5 李さんは 足が 長くて きれいな 人ですよ。

6 先天的に 耳が よく 聞こえない 人も います。

7 森田さんは 目が 大きくて とても きれいです。

8 この 学校では 女子の ほうが 男子より ずっと 多いです。

9 日本の 人口は カナダよりも 多いです。

10 キムさんは 歌は 上手ですが、ダンスは 下手です。

낱말과 표현

スーパー 슈퍼 | **歌**う 노래하다 | **開**ける 열다, 벌리다 | **〜なさい** 〜하시오 | **昔々** 옛날 옛적 | **美**しい 아름답다 |
長い 길다 | **先天的**に 선천적으로 | **聞**こえる 들리다 | カナダ 캐나다

II. 다음 □ 안에 꼭 들어맞는 한자를 쓰시오.

1 昨日 アメリカに いる □ ども に 手紙を 書きました。

2 あの □ の □ は あなたの お兄さんですか。

3 □ 性用トイレは 3階、□ 性用は 4階に あります。

4 ライオンは ジャングルの □ 様です。

5 みなさん、□ を 大きく 開けて 歌いましょう。

6 アメリカの □□ は どのくらいですか。

7 田中さんは □ が 長くて、ハンサムな □ です。

8 私は □ の 長い 犬が 欲しいです。

9 ぼくは あなたの きれいな □ が 大好きです。

10 妹は タクシーの 運転 □ で、弟は 看護師です。

낱말과 표현

手紙 편지 | **書く** 쓰다 | **~用** ~용. ~에 쓰이는 | **トイレ** 화장실 | **~階/階** ~층 | **大きい** 크다 |
ハンサムだ 잘생기다, 미남이다 | **大好きだ** 매우 좋아하다 | **タクシー** 택시 | **看護師** 간호사

UNIT 07 학교생활과 동작

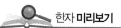

한자 **미리보기**

休 見 出 入 立 学 校 先 生 音 正 早

061 (쉴)휴 **休** N5	**획수** 6 **부수** イ(人) 훈 やすむ/やすまる やすめる 음 キュウ	休 休 休 休 什 休

- 休む 쉬다
- 休みの日 쉬는 날
- 休日 휴일

明日は家でゆっくり休みます。 내일은 집에서 느긋하게 쉬겠습니다.

休みの日は何をしますか。 쉬는 날은 무엇을 합니까?

明日は休日です。 내일은 휴일입니다.

062 (볼)견 **見** N5	**획수** 7 **부수** 見 훈 みる/みえる/みせる 음 ケン	見 見 見 見 見 見 見

- 見る 보다
- 見える 보이다
- 見物 구경

私はテレビを毎日見ます。 나는 텔레비전을 매일 봅니다.

外から家の中が見えますよ。 밖에서 집 안이 보여요.

ローマを見物したことがありますか。 로마를 구경한 적이 있습니까?

063 (날)출 **出** N5	**획수** 5 **부수** 凵 훈 でる/だす 음 シュツ/スイ	出 出 出 出 出

- 出る 나가(오)다
- 出す 꺼내다, 보내다
- 外出 외출

部屋から出ます。 방에서 나갑니다(나옵니다).

友達に手紙を出しました。 친구에게 편지를 보냈습니다.

母は今、外出しています。 엄마는 지금 외출했습니다.

064 (들)입	획수 2 부수 入	入　入
入 N5	훈 いる/いれる/はいる 음 ニュウ	

- 入れる 넣다
- 入る 들어가(오)다
- 入学 입학

手紙をかばんの中に入れました。편지를 가방 안에 넣었습니다.

部屋に入りましょう。방에 들어갑시다.

長男が大学に入学します。장남이 대학에 입학합니다.

065 (설)립/입	획수 5 부수 立	立　立　立　立　立
立 N5	훈 たつ/たてる 음 リツ/リュウ	

- 立つ 서다
- 立てる 세우다
- 国立 국립

椅子の上に立ってください。의자 위에 서 주세요.

まず、柱を立てます。먼저 기둥을 세웁니다.

国立大学に入りたいです。국립 대학에 들어가고 싶습니다.

066 (배울)학	획수 8 부수 子	学 学 学 学 学 学 学 学
学 N5　學	훈 まなぶ 음 ガク	

- 学ぶ 배우다
- 学年 학년
- ! 中学校 중학교

あなたは、なぜ日本語を学びますか。당신은 왜 일본어를 배웁니까?

学年を書いてください。학년을 써 주세요.

朴さんは中学校の先生です。박 씨는 중학교 선생님입니다.

067 (학교)교	획수 10 부수 木	校 校 校 校 校 校 校 校 校 校
校 N5	훈 — 음 コウ	

- 学校 학교
- 高校生 고등학생

学校で何を学びますか。학교에서 무엇을 배웁니까?

妹は高校生です。여동생은 고등학생입니다.

068 (먼저)선	획수 6 부수 儿	先 先 先 先 先 先
先 N5	훈 さき 음 セン	

- さき
先に 먼저
- せんせい
先生 선생님

先に下絵をかきました。먼저 밑그림을 그렸습니다.
彼女は日本語の先生です。그녀는 일본어 선생님입니다.

069 (날/살)생	획수 5 부수 生	生 生 生 生 生
生 N5	훈 いきる/いかす/いける うまれる/うむ/おう はえる/はやす/き/なま 음 セイ/ショウ	

- い
生きる 살다
- う
生まれる 태어나다
- たんじょうび
! 誕生日 생일

あなたは何歳まで生きたいですか。당신은 몇 살까지 살고 싶습니까?
私はソウルで生まれました。나는 서울에서 태어났습니다.
ヘユンさんの誕生日は3月21日です。혜윤 씨 생일은 3월 21일입니다.

070 (소리)음	획수 9 부수 音	音 音 音 音 音 音 音 音 音
音 N4	훈 おと/ね 음 オン/イン	

- おと
音 소리
- ねいろ
音色 음색
- おんがく
音楽 음악

雨の音が聞こえます。빗소리가 들립니다.
私はピアノの音色が好きです。나는 피아노의 음색을 좋아합니다.
あなたの音楽はとても素敵です。당신의 음악은 매우 멋있습니다.

071 (바를)정	획수 5 부수 止	正 正 正 正 正
正 N4	훈 ただしい/ただす/まさ 음 セイ/ショウ	

- ただ
正しい 바르다
- せいかい
正解 정답
- しょうがつ
正月 정월, 설

この中で正しいのはどれですか。이 중에서 바른 것은 어느 것입니까?
正解はないです。정답은 없습니다.
正月は、毎年どこに行きますか。설에는 매년 어디에 갑니까?

072 (일찍)조	획수 6 부수 日	早 早 早 早 早 早				
早 N4	훈 はやい/はやまる はやめる 음 ソウ/サッ					

• 早い 이르다 • 早起き 빨리 일어남 • 早朝 이른 아침	今朝は早く起きました。 오늘 아침에는 일찍 일어났습니다. 早起きは三文の徳。 부지런하면 어떻든 이득이 있다. 早朝から猫が鳴きます。 이른 아침부터 고양이가 웁니다.

플러스 어휘　**학교생활과 관련된 어휘**

入学式 입학식	**勉強** 공부
卒業式 졸업식	**健康診断** 건강 진단
本 책	**運動会** 운동회
文房具 문방구	**夏休み** 여름 방학
楽器 악기	**給食** 급식
制服 제복, 교복	**文化祭** 문화제

I. 밑줄 친 부분의 한자 읽기를 히라가나로 쓰시오.

1 中田英寿は 1977年に 山梨で 生まれました。

2 あなたは 今日 何の 映画を 見る つもりですか。

3 小学校 一年生は 何歳から 入学しますか。

4 田中さん、あそこに 立って いる 人は だれですか。

5 ピアノは 低い 音から 高い 音まで たくさんの 音を 出す ことが できます。

6 この 答えは 正しいか どうか、もう 一度 考えて ください。

7 休日の 朝は ジョギングを するので、早起きを します。

8 私は 100歳まで 生きたいです。

9 昨日、日本に いる 友達に 手紙を 出しました。

10 木村さんの お父さんは、日本語の 先生です。

낱말과 표현

映画 영화 | **~つもり** ~생각, 작정 | **小学校** 소학교, 초등학교 | **一年生** 1학년 | **低い** 낮다 | **高い** 높다 |
~ことが できる ~할 수 있다 | **もう 一度** 다시 한 번 | **考える** 생각하다 | **ジョギング** 조깅

II. 다음 □ 안에 꼭 들어맞는 한자를 쓰시오.

1 木村さんの 顔が □ えませんね。

2 昨日は 熱が 出て、学校を □ みました。

3 田中さんは 毎朝、7時に 家を □ ます。

4 すみませんが、それを ビニール袋に □ れて ください。

5 あなたは どんな □ 楽が 好きですか。

6 IDと パスワードが □ しいか どうか、もう 一度 確かめて ください。

7 今朝は いつもより 一時間 □ く 起きました。

8 あの 男の人は □□ の □□ ですか。

9 ドアの ところに □ って いる あの 女の子は だれですか。

10 外 □ する 前は、必ず トイレに 行きます。

낱말과표현

顔 얼굴 | **熱** 열 | **毎朝** 매일 아침 | **ビニール袋** 비닐봉지 | **パスワード** 암호 | **〜か どうか** 〜인지 어떤지 |
確かめる 확인하다 | **起きる** 일어나다 | **ところ** 곳, 장소 | **必ず** 반드시

08 문화생활

한자 **미리보기**

車 文 字 本 名 力 糸 町

073 (수레)차/거 車 N5	**획수** 7 **부수** 車 **훈** くるま **음** シャ	車 車 車 車 車 車 車

- くるま
  車 차, 자동차
- じ どうしゃ
  自動車 자동차

車で出かけました。 차로 외출했습니다.

あれはドイツの自動車です。 저것은 독일 자동차입니다.

074 (글월)문 文 N4	**획수** 4 **부수** 文 **훈** ふみ **음** ブン/モン	文 文 文 文

- こいぶみ
  ! 恋文 연애편지
- ぶんがく
  文学 문학
- もん く
  文句 문구, 불평

はじめて恋文をもらいました。 처음으로 연애편지를 받았습니다.

だいがく   まな
大学でドイツ文学を学びました。 대학에서 독일 문학을 배웠습니다.

い
文句を言うな。 불평하지 마라.

075 (글자)자 字 N4	**획수** 6 **부수** 子 **훈** あざ **음** ジ	字 字 字 字 字 字

- あざ
  字 행정구획 명
- じ
  字 글자
- も じ
  ＊文字 문자

字とは町村内の区画の名だ。 字란 町, 村 내의 구획 명이다.

か
ノートに字を書きます。 노트에 글자를 적습니다.

こた
答えはひらがな4文字です。 답은 히라가나 4문자입니다.

076 (근본)본	획수 5 부수 木	本 本 木 木 本
本 N5	훈 もと 음 ホン	

- 本 처음, 근본 (もと)
- 本 책 (ほん)
- ～本 ～자루/～병 (ほん)
 (가늘고 긴 것을 세는 말)

雑誌を本のところに置きます。 잡지를 제자리에 둡니다.

本を読みます。 책을 읽습니다.

鉛筆が2本あります。 연필이 2자루 있습니다.

077 (이름)명	획수 6 부수 口	名 名 夕 夕 名 名
名 N5	훈 な 음 メイ/ミョウ	

- 名前 이름 (なまえ)
- 有名だ 유명하다 (ゆうめい)
- 本名 본명 (ほんみょう)

私の名前はオ・ナラです。 저의 이름은 오나라입니다.

あの歌手は有名です。 저 가수는 유명합니다.

あなたの本名は何ですか。 당신의 본명은 무엇입니까?

078 (힘)력/역	획수 2 부수 力	力 力
力 N4	훈 ちから 음 リョク/リキ	

- 力 힘 (ちから)
- 国力 국력 (こくりょく)
- 力作 역작 (りきさく)

彼は力が強いです。 그는 힘이 셉니다.

人口は国力の源です。 인구는 국력의 원천입니다.

この絵は、かなりの力作ですね。 이 그림은 상당한 역작이군요.

079 (실)사	획수 6 부수 糸	糸 糸 糸 糸 糸 糸
糸 N4 絲	훈 いと 음 シ	

- 糸 실 (いと)
- 毛糸 털실 (けいと)
- 製糸 제사 (せいし)

はさみで糸を切ります。 가위로 실을 자릅니다.

これは日本の毛糸です。 이것은 일본 털실입니다.

あそこは製糸会社です。 저기는 제사 회사입니다.

080 (밭두둑)정	**획수** 7 **부수** 田	町 町 町 町 町 町 町
町 N4	**훈** まち **음** チョウ						

- 町 (まち) 시가지, 읍내
- 町内 (ちょうない) 町의 안, 시가지 안의 동네

この町 (おお) は大きいです。 이 시가지는 큽니다.

町内に古 (ふる) い神社 (じんじゃ) があります。 읍내에 오래된 신사가 있습니다.

플러스 어휘 **일상에서 접하는 일본문화에 관한 어휘**

招 (まね) き猫 (ねこ) 앞발로 사람을 부르는 시늉을 하는 고양이 장식물

鯉 (こい) のぼり 단오절에 천이나 종이로 만든 잉어 깃발

祝儀袋 (しゅうぎぶくろ) 축의금 등을 싸는 봉투

こたつ 전기가 들어오는 테이블에 이불을 덮어 사용하는 난방 기구

お守 (まも) り 부적

風鈴 (ふうりん) 풍경

だるま 오뚝이

足袋 (たび) 일본식 버선

I. 밑줄 친 부분의 한자 읽기를 히라가나로 쓰시오.

1 <ruby>私<rt>わたし</rt></ruby>は <u><ruby>恋<rt>こい</rt></ruby>文</u>を <u><ruby>書<rt>か</rt></ruby></u>いた ことが ありません。

2 <ruby>郵便局<rt>ゆうびんきょく</rt></ruby>の <u><ruby>前<rt>まえ</rt></ruby></u>に 小さい <u><ruby>車<rt>ちい</rt></ruby></u>が あります。

3 はじめて ネットショップで <u><ruby>毛<rt>け</rt></ruby>糸</u>を <u><ruby>買<rt>か</rt></ruby></u>いました。

4 あなたは <ruby>学校<rt>がっこう</rt></ruby>まで バスで <u><ruby>行<rt>い</rt></ruby></u>きますか、<u>電<ruby>車<rt>でん</rt></ruby></u>で <u><ruby>行<rt>い</rt></ruby></u>きますか。

5 お<ruby>名<rt>まえ</rt></ruby>前は、<u>本名</u>でも ニックネームでも <u><ruby>大丈夫<rt>だいじょうぶ</rt></ruby></u>です。

6 <ruby>私<rt>わたし</rt></ruby>は この <ruby>授業<rt>じゅぎょう</rt></ruby>で ドイツ<u>文学</u>が <u><ruby>好<rt>す</rt></ruby></u>きに なりました。

7 <ruby>今日<rt>きょう</rt></ruby> <ruby>私<rt>わたし</rt></ruby>は ５００<ruby>円<rt>えん</rt></ruby>の ボールペンを ２<u><ruby>本<rt>か</rt></ruby></u> <ruby>買<rt></rt></ruby>いました。

8 この <u>町<ruby>内<rt>ない</rt></ruby></u>には <ruby>小学校<rt>しょうがっこう</rt></ruby>が いくつ ありますか。

9 <ruby>東京<rt>とうきょう</rt></ruby>は とても <u><ruby>大<rt>おお</rt></ruby></u>きくて にぎやかな <u>町</u>です。

10 <ruby>日本語<rt>にほんご</rt></ruby>には <u><ruby>漢<rt>かん</rt></ruby>字</u>、ひらがな、カタカナという ３<ruby>種類<rt>しゅるい</rt></ruby>の <u>文字</u>が あります。

낱말과 표현

~た ことが ありません ~한 적이 없습니다 | **ネットショップ** 인터넷 쇼핑 | **ニックネーム** 닉네임 |
<ruby>大丈夫<rt>だいじょうぶ</rt></ruby>だ 괜찮다 | **<ruby>授業<rt>じゅぎょう</rt></ruby>** 수업 | **<ruby>好<rt>す</rt></ruby>きに なる** 좋아지다 | **ボールペン** 볼펜 | **にぎやかだ** 번화하다 | **<ruby>種類<rt>しゅるい</rt></ruby>** 종류

Ⅱ. 다음 □ 안에 꼭 들어맞는 한자를 쓰시오 .

1 スマートフォンの □□(もじ) が 小さくて 見えません。

2 彼女は 有□(ゆうめい)な 先生ですが、授業は あまり 面白く ありません。

3 電□(しゃ)で 行きますか、□(くるま)で 行きますか。

4 あの お客さんは 来る たびに □(もん)句を 言います。

5 私は 林さんに 日本語の □(ほん)を たくさん もらいました。

6 私は 魚の □(な)前は ほとんど 知りません。

7 多くの クモは お尻から □(いと)を 出します。

8 □(じ)が 下手で、手紙は 書きたく ありません。

9 先生の メールは 不思議な □(ちから)が ありますね。

10 奈良は とても きれいで、静かな □(まち)です。

I. 밑줄 친 부분의 한자 읽기를 히라가나로 쓰시오 .

1 一つ一つの 花にも 虫にも 名前が あります。

2 先生が こくばんに 空と いう 字を 書きました。

3 早く 大きく おなり。かわいい 赤ちゃん。

4 火事が おこると、水を かけて 火を 消します。

5 私は 日曜日の 夜に、白い 糸で コートの ボタンを つけて おきました。

6 私は バイオリンや フルートの 音色が 大好きです。

7 母が 作って くれた 青い 手袋を はめて、今日も がんばります。

8 友達の 机の 上に きれいな 女の 人の 写真が ありました。

9 休みの 日、男の子は 友達と 山へ 行って、川の 水で 昼ご飯を 作りました。

10 百円ショップで 車の おもちゃを 二つも 買いました。

II. 다음 □ 안에 꼭 들어맞는 한자를 써 넣으시오.

1 どこも 痛くない ときは、小さな □ を 靴の □ に □ れて、歩き なさい。

2 道を 渡る ときは、□ に □ を つけましょう。

3 ライオンの □ ちゃんは、□ まれた ときは □ 猫くらいの 大きさ です。

4 ここに □□ ・組・ □ 前を 書いて ください。

5 私は 国 □□□ に □ りたいです。

6 今日は 3 □ 25 □ です。□ 曜 □ です。

7 □□ の 正門を □ て、□ に 曲がると、□ 屋さんが あります。

8 つゆの □ が □ の 葉の □ で 光ります。

9 □ の 毛の □ に □ が □ える 時が あります。

10 □ は □ しくは「一枚」「二枚」と 数えます。

III. 뜻이 반대되는 한자를 □ 안에 쓰고, ( ) 안에는 그 읽기를 쓰시오.

1 左 ⇔ □   (   )
   ひだり

2 大 きい ⇔ □ さい   (   )
   おお

3 上 ⇔ □   (   )
   うえ

4 □ る ⇔ 入 る   (   )
           はい

5 男 ⇔ □   (   )
   おとこ

IV. ( ) 안의 한자 중 바른 것에 ○로 표시하시오.

1 やさしい (㉠ 気   ㉡ 木) もち。

2 私たちは 一年 (㉠ 正   ㉡ 生) です。
   わたし   いちねん

3 あ! あそこに 日本語の (㉠ 千   ㉡ 先) 生が いますね。
                にほんご   せい

4 宝 (㉠ 石   ㉡ 赤) が ほしいです。
   ほう

5 彼は テニスの (㉠ 大   ㉡ 王) 子さまです。
   かれ   じ

PART 2

2학년
학습한자

2학년에서는
160자를 배워요!!

 한자 **미리보기**

親 父 母 兄 弟 姉 妹 家 牛 馬 鳥 頭
顔 首 羽 毛 肉 魚 米 麦

081 (친할)친 親 N4	획수 16 부수 見 훈 おや/したしい したしむ 음 シン	親 親 親 親 親 親 親 親 親 親 親 親 親 親 親 親
• 親子 부모와 자식 • 親しい 친하다 • 親切だ 친절하다	金は親子も他人。돈은 부모와 자식도 타인. 彼は親しい友人です。그는 친한 친구입니다. 私は親切な人が好きです。저는 친절한 사람을 좋아합니다.	

082 (아비)부 父 N5	획수 4 부수 父 훈 ちち 음 フ	父 父 父 父
• 父 아버지 ＊お父さん 아버님 • 父母 부모	父は力持ちです。아버지는 힘이 셉니다. 彼のお父さんは英語の先生です。그의 아버님은 영어 선생님입니다. 父母といっしょに暮らします。부모와 함께 삽니다.	

083 (어미)모 母 N5	획수 5 부수 母(毋) 훈 はは 음 ボ	母 母 母 母 母
• 母 어머니 ＊お母さん 어머님 • 母音 모음	母はやさしいです。어머니는 자상합니다. お母さんに何をあげましたか。어머님께 무엇을 드렸습니까? 日本語には母音が五つあります。일본어에는 모음이 다섯 개 있습니다.	

084 (맏/형)형 兄 N4	획수 5 부수 儿 훈 あに 음 ケイ/キョウ	兄 兄 兄 兄 兄

- 兄 형, 오빠
  (あに)
- ※お兄さん 형·오빠의
  (にい)
  높임말
- 長兄 맏형, 큰형
  (ちょうけい)

ぼくの兄は27歳です。 나의 형은 27살입니다.
(さい)

ヘユンさんのお兄さんは25歳です。 혜윤 씨의 오빠는 25살입니다.
(さい)

長兄はまじめなサラリーマンです。 맏형은 성실한 샐러리맨입니다.

085 (아우)제 弟 N4	획수 7 부수 弓 훈 おとうと 음 テイ/ダイ/デ	弟 弟 弟 弟 弟 弟 弟

- 弟 남동생
  (おとうと)
- 兄弟 형제
  (きょうだい)
- 弟子 제자
  (でし)

それは弟のおもちゃです。 그것은 남동생의 장난감입니다.

私は三人兄弟です。 저는 삼 형제입니다.
(わたし)(さんにん)

先生の弟子になりたいです。 선생님의 제자가 되고 싶습니다.
(せんせい)

086 (손윗누이)자 姉 N4	획수 8 부수 女 훈 あね 음 シ	姉 姉 姉 姉 姉 姉 姉 姉

- 姉 누나, 언니
  (あね)
- ※お姉さん 누나·언니의
  (ねえ)
  높임말
- 姉妹 자매
  (しまい)

姉は、三つ年上です。 언니는 3살 위입니다.
(み)(としうえ)

キムさんのお姉さんは先生です。 김 씨의 누님은 선생님입니다.
(せんせい)

私は四人姉妹です。 저는 네 자매입니다.
(わたし)(よにん)

087 (손아랫누이)매 妹 N4	획수 8 부수 女 훈 いもうと 음 マイ	妹 妹 妹 妹 妹 妹 妹 妹

- 妹 여동생
  (いもうと)
- 姉妹 자매
  (しまい)

妹は中学生です。 여동생은 중학생입니다.
(ちゅうがくせい)

兄弟姉妹はいません。 형제자매는 없습니다.
(きょうだい)

088 (집)가	획수 10 부수 宀	家家家家家家家家家家
家	훈 いえ/や	
N4	음 カ/ケ	

- 家 집, 가문
- 家族 가족
- 家来 가신, 부하

中村さんの家はどこですか。나카무라 씨의 집은 어디입니까?

家族に手紙を書きました。가족에게 편지를 썼습니다.

王さまにつかえる家来。임금님을 섬기는 부하.

089 (소)우	획수 4 부수 牛	牛牛牛牛
牛	훈 うし	
N4	음 ギュウ	

- 牛 소
- 牛乳 우유

牛は草を食べます。소는 풀을 먹습니다.

毎朝、牛乳を飲みます。매일 아침 우유를 마십니다.

090 (말)마	획수 10 부수 馬	馬馬馬馬馬馬馬馬馬馬
馬	훈 うま/ま	
N4	음 バ	

- 馬 말
- 馬車 마차

この馬は、先月生まれました。이 말은 지난달 태어났습니다.

馬車に乗ってみたいです。마차를 타보고 싶습니다.

091 (새)조	획수 11 부수 鳥	鳥鳥鳥鳥鳥鳥鳥鳥鳥鳥 鳥
鳥	훈 とり	
N4	음 チョウ	

- 鳥 새
- 白鳥 백조
- 一石二鳥 일석이조

木の上に鳥が8羽います。나무 위에 새가 8마리 있습니다.

池の中にきれいな白鳥がいます。연못 안에 예쁜 백조가 있습니다.

それは一石二鳥です。그것은 일석이조입니다.

092 (머리)두	획수 16 부수 頁	頭 頭 頭 頭 頭 頭 頭 頭 頭 頭 頭 頭 頭 頭 頭 頭 頭
頭 N4	훈 あたま/かしら 음 トウ/ズ/ト	

- 頭(あたま) 머리
- 先頭(せんとう) 선두
- 頭痛(ずつう) 두통

頭(あたま)がいたいです。 머리가 아픕니다.

彼(かれ)は先頭(せんとう)に立(た)って走(はし)りました。 그는 선두에 서서 달렸습니다.

今朝(けさ)から頭痛(ずつう)がします。 오늘 아침부터 두통이 납니다.

093 (얼굴)안	획수 18 부수 頁	顔 顔 顔 顔 顔 顔 顔 顔 顔 顔 顔 顔 顔 顔 顔 顔 顔 顔
顔 N4	훈 かお 음 ガン	

- 顔(かお) 얼굴
- 洗顔(せんがん) 세안

顔(かお)を洗(あら)います。 얼굴을 씻습니다.

洗顔(せんがん)クリームをください。 세안 크림을 주세요.

094 (머리)수	획수 9 부수 首	首 首 首 首 首 首 首 首 首
首 N4	훈 くび 음 シュ	

- 首(くび) 목
- 首(くび)になる 해고당하다
- 首都(しゅと) 수도

キリンの首(くび)は長(なが)いです。 기린의 목은 깁니다.

会社(かいしゃ)を首(くび)になるかもしれません。 회사를 해고당할지도 모릅니다.

フランスの首都(しゅと)はパリです。 프랑스의 수도는 파리입니다.

095 (깃)우	획수 6 부수 羽(羽)	羽 羽 羽 羽 羽 羽
羽 N4	훈 は/はね 음 ウ	

- ＊〜羽(わ) 새・토끼를 세는 조수사
- 羽(はね) 깃털, 날개
- 羽毛(うもう) 우모, 깃털

鳥(とり)が一羽(いちわ)います。 새가 한 마리 있습니다. ➡ 조수사 「〜羽」는 앞에 오는 음에 따라 「わ」「ば」「ぱ」가 됨.

庭(にわ)に鳥(とり)の羽(はね)が落(お)ちています。 뜰에 새의 깃털이 떨어져 있습니다.

昨日(きのう)、羽毛(うもう)のふとんを買(か)いました。 어제 우모 이불을 샀습니다.

096 (털)모	**획수** 4 **부수** 毛	毛 毛 毛 毛
毛 N4	**훈** け **음** モウ	

- 毛 털
- 毛虫 모충
- 毛布 모포, 담요

髪の毛を切りました。 머리카락을 잘랐습니다.

家の中で毛虫を見つけました。 집 안에서 모충을 발견했습니다.

一人で毛布を洗いました。 혼자서 담요를 빨았습니다.

097 (고기)육	**획수** 6 **부수** 肉	肉 肉 内 内 肉 肉
肉 N4	**훈** ― **음** ニク	

- 肉 고기
- 牛肉 소고기

おいしいお肉が食べたいです。 맛있는 고기를 먹고 싶습니다.

キムさんは牛肉を食べません。 김 씨는 소고기를 먹지 않습니다.

098 (물고기)어	**획수** 11 **부수** 魚	魚 魚 魚 魚 魚 魚 魚 魚 魚 魚 魚
魚 N5	**훈** うお/さかな **음** ギョ	

- 魚市場 어시장
- 魚 생선
- 金魚 금붕어

魚市場でアルバイトをしました。 어시장에서 아르바이트를 했습니다.

私は肉より魚のほうが好きです。 나는 고기보다 생선을 좋아합니다.

金魚すくいをしました。 금붕어 건지기를 했습니다.

099 (쌀)미	**획수** 6 **부수** 米	米 米 米 米 米 米
米 N4	**훈** こめ **음** ベイ/マイ	

- 米 쌀
- 米国 미국
- 新米 새 쌀, 신참

お米を食べます。 쌀을 먹습니다.

明日米国に向かいます。 내일 미국에 갑니다(미국으로 향합니다).

新米でご飯を炊きました。 새 쌀로 밥을 지었습니다.

| 100 (보리)맥
 N4 麦 麥 | 획수 7 부수 麦(麥)
 훈 むぎ
 음 バク | 麦 麦 麦 麦 麦 麦 麦 |

- むぎ
  麦 보리
- むぎちゃ
  麦茶 보리차
- ばくが
  麦芽 맥아, 엿기름

はたけ　　　つく
畑に麦を作ります。 밭에 보리를 짓습니다.

しょくご　　　　　の
食後に麦茶を飲みます。 식후에 보리차를 마십니다.

むぎ　　　　むぎが　つく
麦から麦芽を作ります。 보리에서 맥아를 만듭니다.

플러스 어휘 **자신의 가족에 관한 어휘**

か ぞく
家族 가족

りょうしん
両親 양친, 부모

ちち
父 아버지

はは
母 어머니

こ ども
子供 아이

むす こ
息子 아들

むすめ
娘 딸

きょうだい
兄弟 형제

し まい
姉妹 자매

あに
兄 형, 오빠

あね
姉 누나, 언니

おとうと
弟 남동생

いもうと
妹 여동생

そ ふ
祖父 조부, 할아버지

そ ぼ
祖母 조모, 할머니

まご
孫 손자

ふう ふ
夫婦 부부

おっと
夫 남편

しゅじん
主人 남편

つま
妻 처, 마누라

か ない
家内 아내, 집사람

しんせき
親戚 친척

おじ 삼촌, 고모부, 이모부

おば 숙모, 고모, 이모

I. 밑줄 친 부분의 한자 읽기를 히라가나로 쓰시오.

1 <u>牛</u>の <u>親子</u>

2 羽毛の 布団^{ふとん}

3 一石二鳥^{いっせき}

4 <u>牛肉</u>を <u>食</u>^たべます。

5 <u>金魚</u>すくい

6 麦茶^{ちゃ}を 飲^のみます。

7 誕生日^{たんじょうび}プレゼントで <u>弟</u>に 時計^{とけい}を <u>上</u>^あげました。

8 私^{わたし}の <u>妹</u>は 小学校^{しょうがっこう} 4年生^{ねんせい}で、とても かわいい <u>顔</u>を して います。

9 昨日^{きのう} <u>兄</u>は <u>洗顔</u>クリームを 二^{ふた}つも 買^かいました。

10 <u>父母</u>と いっしょに 出^でかけます。

11 <u>姉</u>は 子^こどもを 産^うみ、<u>母</u>に なりました。

12 もう 家族^{ぞく}に 手紙^{てがみ}を 書^かきましたか。

13 今^{いま}、<u>頭</u>が 痛^{いた}いですから、病院^{びょういん}へ 行^いきたいです。

낱말과 표현

布団^{ふとん} 이불 | 食^たべる 먹다 | 誕生日^{たんじょうび}プレゼント 생일 선물 | 時計^{とけい} 시계 | 上^あげる 주다 | かわいい 귀엽다 |
クリーム 크림 | 出^でかける 외출하다 | 産^うむ 낳다 | 痛^{いた}い 아프다

II. 다음 □ 안에 꼭 들어맞는 한자를 쓰시오.

1 会社を 〔くび〕 に なりました。　　2 〔こめ〕 から 酒を 造ります。

3 〔ず〕 痛が します。　　4 〔かお〕 を 洗います。

5 〔うし〕 の 皮　　6 虫の 〔はね〕 が 落ちて います。

7 その 〔きょう だい〕 は 二人とも まだ 生きて います。

8 〔うま〕 の 〔あたま〕 には 角が 生えて いません。

9 花子さんの お 〔にい〕 さんは 〔さかな〕 を 食べますか。

10 おととい 〔か〕 族と 一緒に ロンドンへ 行きました。

11 今日、生まれて 初めて 〔ば〕 車に 乗りました。

12 私の 〔ちち〕 は 〔とり にく〕 が 嫌いです。

13 私は 3人 〔し まい〕 の 真ん中です。

낱말과표현

酒を 造る 술을 빚다 | 洗う 씻다 | 皮 가죽 | 落ちる 떨어지다 | 角 뿔 | 生える 나다 | おととい 그저께 | ロンドン 런던 | 乗る 타다 | 真ん中 한가운데

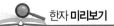

UNIT 02 반대어

한자 **미리보기**

前 後 内 外 多 少 太 細 近 遠 古 新
強 弱 行 来 売 買

101 (앞)전 前 N5	획수 9 부수 刂 훈 まえ 음 ゼン	前前前前前前前前前

- 前 まえ 앞
- 名前 なまえ 이름
- 前後 ぜんご 앞과 뒤, 쯤

銀行の前にスーパーがあります。 은행 앞에 슈퍼가 있습니다.
会社の名前を教えてください。 회사명을 가르쳐 주세요.
ランチは1000円前後です。 점심은 천 엔 안팎입니다.

102 (뒤)후 後 N5	획수 9 부수 彳 훈 のち/うしろ/あと おくれる 음 ゴ/コウ	後後後後後後後後後

- 後ろ うしろ 뒤, 뒤쪽
- 後 あと 뒤, 나중
- 食後 しょくご 식후

家の後ろは山です。 집 뒤쪽은 산입니다.
後でまた電話します。 나중에 또 전화하겠습니다.
食後のデザートは何ですか。 식후 디저트는 무엇입니까?

103 (안)내 内 N4 内	획수 4 부수 冂 훈 うち 음 ナイ/ダイ	内内内内

- 内側 うちがわ 안쪽, 내측
- 家内 かない 아내
- 境内 けいだい 경내

内側から鍵を掛けます。 안쪽에서 열쇠를 잠급니다.
来月家内がタイへ行きます。 다음 달 아내가 태국에 갑니다.
学校は寺の境内にあります。 학교는 절 경내에 있습니다.

104 (바깥)외 外 N5	획수 5 부수 夕 훈 そと/ほか/はずす はずれる 음 ガイ/ゲ	外 外 外 外 外

• 外^{そと} 밖, 바깥, 외부
• 外^{はず}す 떼다, 비우다
• 外国^{がいこく} 외국

外^{そと}は寒^{さむ}いです。 바깥은 춥습니다.

ちょっと席^{せき}を外します。 잠깐 자리를 비웁니다.

彼^{かれ}は外国で生^うまれました。 그는 외국에서 태어났습니다.

105 (많을)다 多 N5	획수 6 부수 夕 훈 おおい 음 タ	多 多 多 多 多 多

• 多^{おお}い 많다
• 多^{おお}く 많음, 대부분
• 多少^{たしょう} 다소, 약간

日本^{にほん}は人口^{じんこう}が多いです。 일본은 인구가 많습니다.

日本^{にほん}には多くの山^{やま}があります。 일본에는 많은 산이 있습니다.

英語^{えいご}を多少話^{はな}すことができます。 영어를 약간 말할 수 있습니다.

106 (적을)소 少 N5	획수 4 부수 小 훈 すくない/すこし 음 ショウ	少 少 少 少

• 少^{すく}ない 적다
• 少^{すこ}し 조금
• 少年^{しょうねん} 소년

人^{ひと}が少ないです。 사람이 적습니다.

私^{わたし}は日本語^{にほんご}が少し分^わかります。 나는 일본어를 조금 압니다.

あの少年はだれですか。 저 소년은 누구입니까?

107 (클)태 太 N4	획수 4 부수 大 훈 ふとい/ふとる 음 タイ/タ	太 太 大 太

• 太^{ふと}い 굵다
• 太^{ふと}る 살찌다
• 太陽^{たいよう} 태양

もっと太い針^{はり}はありませんか。 더 굵은 바늘은 없습니까?

そんなに食^たべると、太りますよ。 그렇게 먹으면 살쪄요.

朝^{あさ}から太陽がまぶしいですね。 아침부터 태양이 눈부시네요.

108 (가늘)세	획수 11 부수 糸	細 細 細 細 細 細 細 細 細 細
細 N4	훈 ほそい/ほそる　こまか/こまかい　음 サイ	細

- 細い 가늘다
- 細かい 작다, 잘다
- 詳細だ 상세하다, 자세하다

彼女の指はとても細いです。그녀의 손가락은 매우 가늘니다.

細かいお金がないです。잔돈이 없습니다.

もう少し詳細に教えてください。좀 더 자세히 가르쳐 주세요.

109 (가까울)근	획수 7 부수 辶(辵)	近 近 近 近 近 近 近
近 N4	훈 ちかい　음 キン	近

- 近い 가깝다
- 近く 근처
- 近所 근처, 이웃

病院はここから近いです。병원은 여기서 가깝습니다.

駅の近くにスーパーがあります。역 근처에 슈퍼가 있습니다.

彼はこの近所に住んでいます。그는 이 근처에 살고 있습니다.

110 (멀)원	획수 13 부수 辶(辵)	遠 遠 遠 遠 遠 遠 遠 遠 遠
遠 N4	훈 とおい　음 エン/オン	遠 遠 遠

- 遠い 멀다
- 遠く 먼 곳
- 遠足 소풍

ここから東京までは遠いです。여기서 도쿄까지는 멉니다.

波の音が遠くから聞こえます。파도 소리가 멀리서 들립니다.

明日、遠足に行きます。내일 소풍을 갑니다.

111 (옛)고	획수 5 부수 口	古 古 古 古 古
古 N5	훈 ふるい/ふるす　음 コ	

- 古い 오래되다
- ～古す 오래 써서 낡게 하다
- 中古車 중고차

近くに古い家があります。근처에 오래된 집이 있습니다.

着古した服を掃除に使います。오래 입어서 낡은 옷을 청소에 사용합니다.

父は中古車を買いました。아버지는 중고차를 샀습니다.

112 (새)신 **新** N5	**획수** 13 **부수** 斤 **훈** あたらしい/あらた にい **음** シン	新 新 新 新 新 辛 辛 辛 新 新 新 新 新

- あたら
 新しい 새롭다
- あら
 新ただ 새롭다
- しんにゅうせい
 新入生 신입생

新しいかばんがほしいです。 새 가방을 갖고 싶습니다.
じんせい はじ
新たな人生を始めます。 새로운 인생을 시작합니다.
かれ
彼は新入生です。 그는 신입생입니다.

113 (강할)강 **強** N4 強	**획수** 11 **부수** 弓 **훈** つよい/つよまる つよめる/しいる **음** キョウ/ゴウ	強 強 強 強 強 強 強 強 強 強 強

- つよ
 強い 강하다
- べんきょう
 勉強 공부
- ごうとう
 強盗 강도

た なか ちから
田中さんは力が強いです。 다나카 씨는 힘이 셉니다.
わたし まいにち じ かん
私は毎日3時間勉強します。 나는 매일 3시간 공부합니다.
ちか ぎんこう はい
近くの銀行に強盗が入りました。 근처의 은행에 강도가 들었습니다.

114 (약할)약 **弱** N4 弱	**획수** 10 **부수** 弓 **훈** よわい/よわる よわまる/よわめる **음** ジャク	弱 弱 弱 弱 弱 弱 弱 弱 弱 弱

- よわ
 弱い 약하다
- よわ
 弱る 약해지다
- きょうじゃく
 強弱 강약

いもうと からだ
妹は体が弱いです。 여동생은 몸이 약합니다.
さむ
寒いとバッテリーが弱ります。 추우면 배터리가 약해집니다.
えい ご
英語は強弱アクセントです。 영어는 강약 악센트입니다.

115 (다닐/행할)행 **行** N5	**획수** 6 **부수** 行 **훈** いく/ゆく/おこなう **음** コウ/ギョウ/アン	行 行 行 行 行 行

- い
 行く 가다
- おこな
 行う 실시하다, 행하다
- ぎんこう
 銀行 은행

いつタイへ行きましたか。 언제 태국에 갔습니까?
おこ
テストはどこで行いますか。 테스트는 어디서 실시합니까? ➡ 「行なう」로 쓰이기도 함.
ある い
歩いて銀行へ行きます。 걸어서 은행에 갑니다.

116 (올)래 来 N5 來	획수 7 부수 木 훈 くる/きたる/きたす 음 ライ	来 来 来 来 来 来 来
• 来る 오다 • 来る 오는, 이번 • 来日 일본으로 옴	いつ日本へ来ましたか。 언제 일본에 왔습니까? ➡「来る」는 ます에 접속되면「来ます」가 됨. 来る4月から社会人になります。 오는 4월부터 사회인이 됩니다. 去年の4月に来日しました。 작년 4월에 일본에 왔습니다.	
117 (팔)매 売 N4 賣	획수 7 부수 士 훈 うる/うれる 음 バイ	売 売 売 売 売 売 売
• 売る 팔다 • 売れる 팔리다 • 売店 매점	高校生にはタバコを売りません。 고교생에게는 담배를 안 팝니다. この車はよく売れます。 이 차는 잘 팔립니다. 病院の売店で本を買いました。 병원 매점에서 책을 샀습니다.	
118 (살)매 買 N5	획수 12 부수 貝 훈 かう 음 バイ	買 買 買 買 買 買 買 買 買 買 買 買
• 買う 사다 • 買い物 장보기, 쇼핑 • 売買 매매	スーパーでいちごを買いました。 슈퍼에서 딸기를 샀습니다. 買い物は楽しいです。 쇼핑은 즐겁습니다. 株の売買を始めました。 주식의 매매를 시작했습니다.	

I. 밑줄 친 부분의 한자 읽기를 히라가나로 쓰시오.

1 ５０歳 前後の 男性

2 日本には 火山が 多いです。

3 新しい シャツ

4 食品売り場は 何階ですか。

5 古い 切手

6 この 近くに 学校は ありますか。

7 キムさん、ワイシャツが ズボンの 外に 出て いますよ。

8 山田さんと ラーメンを 食べに 行きます。

9 スーパーで りんごを いくつ 買いましたか。

10 村山は 体は 大きいですが、力は 強く ありません。

11 私の 名前は グエンです。ベトナムから 来ました。

12 これより 細い 糸は 見た ことが ありません。

13 駅から ホテルまで あまり 遠く ありません。

낱말과 표현

シャツ 셔츠 | ワイシャツ 와이셔츠 | ズボン 바지 | 동사ます형+に ~하러 | いくつ 몇 개 | ベトナム 베트남 | 駅 역

II. 다음 □ 안에 꼭 들어맞는 한자를 쓰시오.

1 □^{ふと}い ベルト

2 こちらは 家□^{ない}です。

3 耳^{みみ}が □^{とお}いです。

4 □^{よわ}い 犬^{いぬ}は よく 吠^ほえます。

5 馬^{うま}の □^{うし}ろ 足^{あし}

6 これを □^うる つもりです。

7 私^{わたし}は まだ □^{がい}国^{こく}へ 行^いった ことが ありません。

8 私^{わたし}の 町^{まち}は 車^{くるま}が □^{おお}くて、緑^{みどり}が □^{すく}ないです。

9 車^{くるま}の □^{まえ}を 気^きを つけて 通^{とお}りました。

10 言葉^{ことば}に □^{きょう}□^{じゃく}を 付^つける ことは、とても 大切^{たいせつ}です。

11 小学校^{しょうがっこう}の □^{しん}入生^{にゅうせい}は 本当^{ほんとう}に かわいいですね。

12 今年^{ことし}の 4月^{がつ}、大^{おお}きくて 高^{たか}い コンピューターを 一台^{いちだい}□^かいました。

13 フランス語^ごを □^た□^{しょう}話^{はな}す ことが できます。

낱말과 표현

ベルト 벨트 | 吠^ほえる 짖다 | まだ 아직 | 緑^{みどり} 녹색, 초록 | 気^きを つける 주의하다 | 通^{とお}る 지나가다 | 言葉^{ことば} 말 | 付^つける 붙이다 | 大切^{たいせつ}だ 소중하다, 중요하다 | 話^{はな}す 말하다

시간과 방향

한자 **미리보기**

朝 昼 夜 今 時 間 分 半 毎 週 午 曜
東 西 南 北 方

---

119 (아침)조

朝

N4

획수 12 **부수** 月	朝 朝 朝 朝 朝 朝 朝 朝 **朝 朝**
훈 あさ	**朝 朝**
음 チョウ	

あさ
• 朝 아침

まいあさ
• 毎朝 매일 아침

ちょうしょく
• 朝食 조식

かれ　　あさ　　　　ばん　　　はたら
彼は朝から晩まで働きました。 그는 아침부터 밤까지 일했습니다.

わたし　まいあさ　　 じ　　お
私は毎朝7時に起きます。 나는 매일 아침 7시에 일어납니다.

きょう　　ちょうしょく　　なん
今日の朝食は何ですか。 오늘의 조식은 무엇입니까?

---

120 (낮)주

昼

N4　　畫

획수 9 **부수** 日	昼 昼 昼 昼 昼 昼 昼 昼 昼
훈 ひる	
음 チュウ	

ひる
• 昼 낮, 점심

ひる　　はん
• 昼ご飯 점심(밥)

ちゅうしょく
• 昼食 주식, 점심

きゅうじつ　　ひる　　　ね
休日は昼まで寝てしまいます。 휴일은 점심까지 자 버립니다.

　　　じ　　ひる　　はん　　た
12時に昼ご飯を食べます。 12시에 점심을 먹습니다.

ちゅうしょく　た
昼食は食べましたか。 점심은 먹었습니까?

---

121 (밤)야

夜

N4

획수 8 **부수** 夕	夜 夜 夜 夜 夜 夜 夜 夜
훈 よ/よる	
음 ヤ	

よ　なか
• 夜中 한밤중

よる
• 夜 밤

こん　や
• 今夜 오늘 밤

　　　　いま よ　なか
そちらは今夜中ですか。 그쪽은 지금 한밤중입니까?

わたし　よる　　 じ　　ね
私は夜11時に寝ます。 나는 밤 11시에 잡니다.

こん や　　　む　あつ
今夜は蒸し暑いです。 오늘 밤은 무덥습니다.

122 (이제)금	획수 4 부수 人	今 今 今 今
今 N5	훈 いま 음 コン/キン	

• 今 지금 • 今度 이번 ✻ 今朝 오늘 아침	今、何時ですか。지금 몇 시입니까? 今度の日曜日、大阪へ行きます。이번 일요일 오사카에 갑니다. 今朝は遅い朝食を取りました。오늘 아침은 늦은 조식을 먹었습니다.

123 (때)시	획수 10 부수 日	時 時 時 時 時 時 時 時 時 時
時 N5	훈 とき 음 ジ	

• 時々 때때로 • 時間 시간 ✻ 時計 시계	時々旅行に行きます。때때로 여행을 갑니다. 時間がありません。시간이 없습니다. それは妹の時計です。그것은 여동생의 시계입니다.

124 (사이)간	획수 12 부수 門	間 間 間 間 間 間 間 間 間 間 間
間 N5	훈 あいだ/ま 음 カン/ケン	

• この間 요전, 일전 • 間 사이, 짬 ! 人間 인간	この間、山田さんに会いました。일전에 야마다 씨를 만났습니다. 寝る間もないです。잘 틈도 없어요. どんな人間になりたいですか。어떤 인간이 되고 싶습니까?

125 (나눌)분	획수 4 부수 刀	分 分 分 分
分 N5	훈 わける/わかれる わかる/わかつ 음 ブン/フン/ブ	

• 分ける 나누다 • 水分 수분 • ～分/分 ～분	りんごを半分に分けます。사과를 반으로 나눕니다. こまめに水分を取りましょう。부지런히 수분을 섭취합시다. 今は、9時45分(50分)です。지금은 9시 45분(50분)입니다.

126 (반)반 半 N5 半	획수 5 부수 十 훈 なかば 음 ハン	半 半 半 半 半

• 半ば 절반, 중앙
• 半 반, 30분
• 半分 반, 반쯤

私の両親は70代半ばです。 제 부모는 70대 중반입니다.

今、4時半です。 지금 4시 반입니다.

ケーキを半分食べました。 케이크를 반쯤 먹었습니다.

127 (매양)매 毎 N5 毎	획수 6 부수 毋 훈 ― 음 マイ	毎 毎 毎 毎 毎 毎

• 毎日 매일
• 毎週 매주
• 毎月/毎月 매월

毎日6時に起きます。 매일 6시에 일어납니다.

彼は毎週洗車します。 그는 매주 세차합니다.

私は毎月大阪へ行きます。 나는 매월 오사카에 갑니다.

128 (돌)주 週 N5 週	획수 11 부수 辶(辵) 훈 ― 음 シュウ	週 週 週 週 週 週 週 週 週 週

• 今週 이번 주
• 来週 다음 주

今週は休みが多いです。 이번 주는 쉬는 날이 많습니다.

来週からテストが始まります。 다음 주부터 테스트가 시작됩니다.

129 (낮)오 午 N5	획수 4 부수 十 훈 ― 음 ゴ	午 午 午 午

• 午前 오전
• 午後 오후

午前8時に起きました。 오전 8시에 일어났습니다.

午後6時からアルバイトです。 오후 6시부터 아르바이트입니다.

130 (빛날)요	획수 18 부수 日	曜 l曜 l曜 l曜 l曜 l曜 l曜 l曜 l曜 l曜 曜 曜 曜 曜 曜 曜 曜 曜
曜 N4 曜	훈 ― 음 ヨウ	

• 木曜日 목요일	木曜日、映画を見ます。 목요일 영화를 봅니다.
• 何曜日 무슨 요일	あなたの休日は何曜日ですか。 당신의 휴일은 무슨 요일입니까?

131 (동녘)동	획수 8 부수 木	東 東 東 東 東 東 東 東
東 N5	훈 ひがし 음 トウ	

• 東 동쪽	日本は中国の東にあります。 일본은 중국의 동쪽에 있습니다.
• 東口 동쪽 출구	渋谷駅の東口で会いましょう。 시부야 역 동쪽 출구에서 만납시다.
• 東京 도쿄	東京は日本の首都です。 도쿄는 일본의 수도입니다.

132 (서녘)서	획수 6 부수 西(襾)	西 西 西 西 西 西
西 N5	훈 にし 음 セイ/サイ	

• 西 서쪽	東京の西の方に住んでいます。 도쿄의 서쪽에 살고 있습니다.
• 西洋 서양	ぼくは西洋の音楽が好きです。 나는 서양 음악을 좋아합니다.
! 東西 동서	ネパールは東西に長い国です。 네팔은 동서로 긴 나라입니다.

133 (남녘)남	획수 9 부수 十	南 南 南 南 南 南 南 南 南
南 N5	훈 みなみ 음 ナン/ナ	

• 南 남쪽	いつか南の島で暮らしたいです。 언젠가 남쪽 섬에서 살고 싶습니다.
• 南向き 남향	私の家は南向きです。 제 집은 남향입니다.
• 東南 동남	東南アジアを旅行したいです。 동남아시아를 여행하고 싶습니다.

134 (북녘)북 北 N5	획수 5 부수 ヒ 훈 きた 음 ホク	北 北 北 北 北
• 北 북쪽 　きた • 北上 북상 　ほくじょう • ！南北 남북 　なんぼく	ほっかいどう　にほん 北海道は日本の北にあります。훗카이도는 일본의 북쪽에 있습니다. たいふう 台風が北上しています。태풍이 북상하고 있습니다. にほん　　なが　くに 日本は南北に長い国です。일본은 남북으로 긴 나라입니다.	

135 (모)방 方 N4	획수 4 부수 方 훈 かた 음 ホウ	方 方 方 方
• 方 분 　かた • ～方 ~방법, 방식 　かた • 方 방향, 편 　ほう	なかむらせんせい この方は中村先生です。이분은 나카무라 선생님입니다. せんたくき　つか　　　おし 洗濯機の使い方を教えてください。세탁기 사용법을 가르쳐 주세요. やまだ　　　　えき　　　い 山田さんは駅の方へ行きました。야마다 씨는 역 쪽으로 갔습니다.	

I. 밑줄 친 부분의 한자 읽기를 히라가나로 쓰시오 .

1 東西南北

2 西洋の 文化

3 使い方を 聞きます。

4 朝食を とります。

5 昼食を 食べます。

6 今夜は 寒いです。

7 今度の 夏休みに 私と 一緒に ロンドンに 遊びに 行きましょう。

8 最近 時間が 経つのが とても 早いです。

9 日本語の 授業は 10時半から 始まります。

10 毎日 朝晩2回、40分の 散歩を して います。

11 私は 午前中 ずっと 部屋の 掃除を して います。

12 カンボジアの 東は ベトナムで、西は タイです。

13 私たちは 毎週 木曜日の 10時から ミーティングを 行って います。

낱말과표현

文化 문화 | 寒い 춥다 | 最近 최근 | 経つ (시간이)지나다 | 早い 시간이 짧다(빠르다) | 始まる 시작되다 |
朝晩 아침저녁 | ずっと 쭉, 계속해서 | 掃除 청소 | 行う 실시하다, 행하다

82

II. 다음 □ 안에 꼭 들어맞는 한자를 쓰시오.

1 □(ひがし) から □(にし) へ

2 □(みなみ) アフリカ 共和国(きょう わ こく)

3 □□(なん ぼく) に 長い(なが) 国(くに)

4 ラーメンの 作り □(かた)

5 日付と(ひ づけ) □□(よう び) 日

6 □□(じ かん) が ありません。

7 おやつに 青り(あお)んごを □□(はん ぶん) 食べ(た)ました。

8 □(まい)日 2時から 5時30分(にち)(じ)(じ)(ぶん)まで 日本語(に ほん ご)の 勉強(べんきょう)を します。

9 今日(きょう)、□(ご)後 10時の 飛行機(ご)(じ)(ひ こう き)で アメリカへ 行き(い)ます。

10 □□(まい しゅう)では ありませんが、□□(とき どき) 山に(やま) 登り(のぼ)ます。

11 □(こん)度の 日□(ど)(にち)(よう)日に 家で パーティーを します。(び)(うち)

12 暑く(あつ)て □(よ)中に 目が(なか)(め) 覚め(さ)て しまいます。

13 休み(やす)の 日は(ひ) □(あさ)ごはんも □(ひる)ごはんも 作り(つく)ません。

낱말과 표현

~から ~へ ~에서 ~으로 | アフリカ共和国(きょう わ こく) 아프리카공화국 | ラーメン 라면 | 日付(ひ づけ) 날짜 | おやつ 간식 |
青り(あお)んご 청사과 | パーティー 파티 | 暑い(あつ) 덥다 | 目が(め) 覚める(さ) 눈뜨다, 잠을 깨다 | ~て しまう ~해 버리다

자연과 자연현상

한자 **미리보기**

野 原 岩 谷 地 池 海 晴 雲 雪 風 星
光 春 夏 秋 冬

---

136 (들)야

野

N4

획수 11 **부수** 里

훈 の
음 ヤ

野 野 野 野 野 野 野 野 野 野
野

- 野原 들판
- 野菜 채소

犬は野原を走り回りました。 개는 들판을 뛰어다녔습니다.

お米と野菜を買いました。 쌀과 채소를 샀습니다.

---

137 (근원/벌판)원

原

N4

획수 10 **부수** 厂

훈 はら
음 ゲン

原 原 原 原 原 原 原 原 原 原

- 原っぱ 들, 들판
- 高原 고원

昔、ここは原っぱでした。 옛날에 여기는 들판이었습니다.

高原を散歩するのは楽しいです。 고원을 산책하는 것은 즐겁습니다.

---

138 (바위)암

岩

N4

획수 8 **부수** 山

훈 いわ
음 ガン

岩 岩 岩 岩 岩 岩 岩 岩

- 岩 바위
- 岩山 암산, 바위 산
- 岩石 암석

大きな岩が目の前にあります。 큰 바위가 눈 앞에 있습니다.

人々は岩山に住んでいました。 사람들은 바위 산에 살고 있었습니다.

あの岩石に登ったことがありますか。 저 암석에 오른 적이 있습니까?

---

139 (골)곡 谷 N4	**획수** 7 **부수** 谷 **훈** たに **음** コク	谷 谷 谷 谷 谷 谷 谷

훈	
• 谷 (たに) 산골짜기, 골 • 谷間/谷間 (たにま/たにあい) (산)골짜기 • 渓谷 (けいこく) 계곡	谷から風が吹いてきます。 산골짜기에서 바람이 불어옵니다. その谷間には川が流れています。 그 골짜기에는 강이 흐르고 있습니다. この渓谷の景色はすばらしいです。 이 계곡의 경치는 멋집니다.

140 (땅)지 地 N4	**획수** 6 **부수** 土 **훈** ― **음** チ／ジ	地 地 地 地 地 地

• 地 (ち) 대지, 땅 • 地図 (ちず) 지도 • 地震 (じしん) 지진	それは天と地の差です。 그것은 하늘과 땅의 차이입니다. 東京の地図を買いました。 도쿄 지도를 샀습니다. 今朝、地震がありました。 오늘 아침에 지진이 있었습니다.

141 (못)지 池 N4	**획수** 6 **부수** 氵(水) **훈** いけ **음** チ	池 池 池 池 池 池

• 池 (いけ) 연못 • 電池 (でんち) 전지	池で魚釣りをします。 연못에서 낚시질을 합니다. 電池を一本ください。 전지를 한 개 주세요.

142 (바다)해 海 N4 海	**획수** 9 **부수** 氵(水) **훈** うみ **음** カイ	海 海 海 海 海 海 海 海 海

• 海 (うみ) 바다 • 海辺 (うみべ) 바닷가, 해변 • 海外 (かいがい) 해외	海は広くて大きいです。 바다는 넓고 큽니다. 海辺の家で暮らしたいです。 해변의 집에서 살고 싶습니다. 彼は毎年海外へ行きます。 그는 매년 해외에 갑니다.

143 (갤)청	획수 12 부수 日	晴 晴 晴 晴 晴 晴 晴 晴 晴 晴
晴 N4 晴	훈 はれる/はらす 음 セイ	晴 晴

- 晴れる 개다
- 晴らす 개게 하다
- 晴天 맑은 하늘

今日は晴れるでしょう。오늘은 맑겠죠.

音楽を聞いて気を晴らしました。음악을 듣고, 마음을 풀었습니다.

明日は晴天です。내일은 맑은 날씨입니다.

144 (구름)운	획수 12 부수 雨	雲 雲 雲 雲 雲 雲 雲 雲 雲 雲
雲 N4	훈 くも 음 ウン	雲 雲

- 雲 구름
- ! 雨雲 비구름
- 雲海 운해

白い雲が空を流れていきます。하얀 구름이 하늘을 흘러갑니다.

雨雲が都心に近づいてきました。비구름이 도심으로 다가왔습니다.

人生で初めて雲海を見ました。인생에서 처음으로 운해를 봤습니다.

145 (눈)설	획수 11 부수 雨	雪 雪 雪 雪 雪 雪 雪 雪 雪 雪
雪 N4 雪	훈 ゆき 음 セツ	雪

- 雪 눈
- 雪祭 눈 축제
- 新雪 새로 내린 눈

雪が降っています。눈이 내리고 있습니다.

さっぽろ雪祭に行ってきました。삿포로 눈 축제에 다녀왔습니다.

新雪ですべるスキー。새로 내린 눈에서 타는 스키.

146 (바람)풍	획수 9 부수 風	風 風 風 風 風 風 風 風 風
風 N4	훈 かぜ/かざ 음 フウ/フ	

- 風 바람
- 風車 팔랑개비
- 強風 강풍

まだ風が強く吹きます。아직 바람이 강하게 붑니다.

風車がくるくると回ります。팔랑개비가 뱅글뱅글 돕니다.

昨日の強風はすごかったです。어제의 강풍은 대단했습니다.

147 (별)성	획수 9 부수 日	星 星 星 星 星 星 星 星 星
星 N4	훈 ほし / 음 セイ/ショウ	

- 星 별 <small>ほし</small>
- 火星 화성 <small>か せい</small>
- ! 明星 명성 <small>みょうじょう</small>

今晩は多くの星が見えます。 오늘 밤에 많은 별이 보입니다. <small>こんばん　おお　　　　　ほし　　み</small>

火星には生き物がいるでしょうか。 화성에는 생물이 있을까요? <small>か せい　　　　い　もの</small>

明けの明星がきれいです。 샛별이 아름답습니다. <small>あ</small>

148 (빛)광	획수 6 부수 儿	光 光 光 光 光 光
光 N4	훈 ひかる/ひかり / 음 コウ	

- 光る 빛나다 <small>ひか</small>
- 光 빛 <small>ひかり</small>
- 日光 일광, 햇볕 <small>にっこう</small>

猫の目が光りました。 고양이 눈이 빛났습니다. <small>ねこ　め　　　ひか</small>

太陽の光がまぶしいですね。 태양 빛이 눈부시네요. <small>たいよう</small>

日光を浴びに行きましょう。 햇볕을 쬐러 갑시다. <small>あ　　い</small>

149 (봄)춘	획수 9 부수 日	春 春 春 春 春 春 春 春 春
春 N4	훈 はる / 음 シュン	

- 春 봄 <small>はる</small>
- 春休み 봄 방학 <small>はるやす</small>
- 青春 청춘 <small>せいしゅん</small>

春には日が長くなります。 봄에는 해가 길어집니다. <small>はる　　ひ　なが</small>

もうすぐ春休みです。 이제 곧 봄 방학입니다.

70歳はまだ青春です。 70살은 아직 청춘입니다. <small>さい</small>

150 (여름)하	획수 10 부수 夊	夏 夏 夏 夏 夏 夏 夏 夏 夏 夏
夏 N4	훈 なつ / 음 カ/ゲ	

- 夏 여름 <small>なつ</small>
- 初夏 초여름 <small>しょか</small>
- 夏至 하지 <small>げ し</small>

夏は暑いです。 여름은 덥습니다. <small>あつ</small>

初夏の夜は肌寒いです。 초여름의 밤은 쌀쌀합니다. <small>しょか　よる　はださむ</small>

今日は夏至です。 오늘은 하지입니다. <small>きょう</small>

151 (가을)추	획수 9 부수 禾	秋 秋 秋 秋 秋 秋 秋 秋 秋
秋 N4	훈 あき 음 シュウ	

• 秋 가을 あき • 秋分 추분 しゅうぶん	涼しい秋になりましたね。시원한 가을이 되었군요. すず まもなく秋分の日です。머지않아 추분 날입니다. ひ

152 (겨울)동	획수 5 부수 冫	冬 冬 冬 冬 冬
冬 冬 N4	훈 ふゆ 음 トウ	

• 冬 겨울 ふゆ • 冬休み 겨울 방학 ふゆやす • 春夏秋冬 춘하추동 しゅん か しゅうとう	今年の冬は寒いです。금년 겨울은 춥습니다. ことし さむ 明日から冬休みです。내일부터 겨울 방학입니다. あした 春夏秋冬、どの季節が好きですか。춘하추동, 어느 계절을 좋아합니까? きせつ す

I. 밑줄 친 부분의 한자 읽기를 히라가나로 쓰시오.

1 <ruby>岩<rt>おお</rt></ruby>が <ruby>多<rt></rt></ruby>い <ruby>野原</ruby>

2 もう <ruby>秋</ruby>ですね。

3 <ruby>池</ruby>に <ruby>住<rt>す</rt></ruby>む <ruby>魚<rt>さかな</rt></ruby>

4 ここから <ruby>海</ruby>が <ruby>見<rt>み</rt></ruby>えます。

5 <ruby>谷間</ruby>を <ruby>流<rt>なが</rt></ruby>れる <ruby>水<rt>みず</rt></ruby>

6 <ruby>雲</ruby>の <ruby>間<rt>あいだ</rt></ruby>から <ruby>日<rt>ひ</rt></ruby>が <ruby>出<rt>で</rt></ruby>ます。

7 <ruby>今年<rt>ことし</rt></ruby>の <ruby>冬</ruby>は、こちらも たくさんの <ruby>雪</ruby>が <ruby>降<rt>ふ</rt></ruby>りましたよ。

8 ゆううつな とき、あなたは どう <ruby>気<rt>き</rt></ruby>を <ruby>晴</ruby>らしますか。

9 <ruby>昼<rt>ひる</rt></ruby>が いちばん <ruby>長<rt>なが</rt></ruby>く、<ruby>夜<rt>よる</rt></ruby>が <ruby>短<rt>みじか</rt></ruby>い <ruby>日<rt>ひ</rt></ruby>を <ruby>夏至<rt>し</rt></ruby>と いいます。

10 <ruby>風</ruby>も <ruby>強<rt>つよ</rt></ruby>いし、<ruby>雨<rt>あめ</rt></ruby>も <ruby>降<rt>ふ</rt></ruby>って いるし、<ruby>出<rt>で</rt></ruby>かけたく ないです。

11 <ruby>植物<rt>しょくぶつ</rt></ruby>は <ruby>日光</ruby>に <ruby>当<rt>あ</rt></ruby>てた ほうが いいです。

12 <ruby>火星</ruby>の <ruby>一日<rt>いちにち</rt></ruby>は <ruby>地球<rt>ちきゅう</rt></ruby>の <ruby>一日<rt>いちにち</rt></ruby>より <ruby>約<rt>やく</rt></ruby>37<ruby>分<rt>ふん</rt></ruby> <ruby>長<rt>なが</rt></ruby>いです。

13 <ruby>私<rt>わたし</rt></ruby>は <ruby>子供<rt>こども</rt></ruby>の ころから <ruby>地図<rt>ず</rt></ruby>を <ruby>眺<rt>なが</rt></ruby>めるのが <ruby>好<rt>す</rt></ruby>きでした。

낱말과 표현

<ruby>住<rt>す</rt></ruby>む 살다 | <ruby>流<rt>なが</rt></ruby>れる 흐르다 | ゆううつだ 우울하다 | 활용어의 종지형+し ~고 | ~たく ない ~하고 싶지 않다 |
<ruby>植物<rt>しょくぶつ</rt></ruby> 식물 | <ruby>当<rt>あ</rt></ruby>てる 쬐다 | ~た ほうが いい ~하는 게 좋다 | <ruby>地球<rt>ちきゅう</rt></ruby> 지구 | <ruby>眺<rt>なが</rt></ruby>める 바라보다

Ⅱ. 다음 ☐ 안에 꼭 들어맞는 한자를 쓰시오.

1 ☐☐の上を 飛ぶ 飛行機
^{うん かい}

2 高☐へ 登ります。
^{こう げん}

3 夜空に ☐る ☐
^{ひか} ^{ほし}

4 ☐に ☐へ 行きます。
^{なつ} ^{うみ}

5 かなり 険しい ☐
^{たに}

6 山の ☐図を 買いました。
^ち

7 今日は とても ☐が 強いから、気を 付けて ください。
^{かぜ}

8 ☐至は 1年で 一番 昼が 長い 日です。
^げ

9 京都は ☐☐☐☐ どの 季節も いいです。
^{しゅん か しゅう とう}

10 今日は 友達と 一緒に ☐の 周りを 散歩しました。
^{いけ}

11 ☐菜は あまり 新鮮では ありませんでした。
^{や さい}

12 明日は ☐れますが、明後日は 雨が 降るでしょう。
^は

13 私の 国は 暑いですから、☐は 降りません。
^{ゆき}

낱말과표현

飛ぶ 날다 | 夜空 밤하늘 | かなり 꽤 | 険しい 험하다 | 季節 계절 | いい 좋다 | 周り 주변 | 新鮮だ 신선하다 |
明後日 모레 | 国 고국, 나라

90

 한자 **미리보기**

引 回 帰 教 計 合 止 食 切 組 走 直
通 当 歩 鳴 用

153 (끌)인	**획수** 4 **부수** 弓	引 引 引 引
引 N4	**훈** ひく/ひける **음** イン	

- 引く 빼다　10から4を引きます。10에서 4를 뺍니다.
- 引ける 파하다　学校は何時に引けますか。학교는 몇 시에 파합니까?
- 引退 은퇴　本当に彼は引退しましたか。정말로 그는 은퇴했습니까?

154 (돌아올)회	**획수** 6 **부수** 口	回 回 回 回 回 回
回 N4	**훈** まわる/まわす **음** カイ/エ	

- 回る 돌다　目が回るほど忙しいです。눈이 돌 정도로(눈코 뜰새 없이) 바쁩니다.
- 回す 돌리다　人はなぜペンを回すのでしょうか。사람은 왜 펜을 돌리는 걸까요?
- ～回 ～번, ～회　私はこの本を3回読みました。나는 이 책을 3번 읽었습니다.

155 (돌아갈)귀	**획수** 10 **부수** 巾	帰 帰 帰 帰 帰 帰 帰 帰 帰 帰
帰 N4 歸	**훈** かえる/かえす **음** キ	

- 帰る 돌아가(오)다　何時ごろ家へ帰りますか。몇 시쯤 집에 돌아갑(옵)니까?
- お帰りなさい 잘 다녀왔습니까?　「ただいま。」다녀왔습니다. /「お帰りなさい。」잘 다녀왔습니까?
- 帰国 귀국　来年2月に帰国します。내년 2월에 귀국합니다.

156 (가르칠)교	획수 11 부수 攵(攴)	教教教教教教教教教教 教
教 N4	훈 おしえる/おそわる 음 キョウ	

• 教える 가르치다	娘に日本語を教えます。 딸에게 일본어를 가르칩니다.
• 教わる 배우다	英語はだれに教わりましたか。 영어는 누구에게 배웠습니까?
• 教室 교실	教室には何がありますか。 교실에는 무엇이 있습니까?

157 (셀)계	획수 9 부수 言	計計計計計計計計計
計 N4	훈 はかる/はからう 음 ケイ	

• 計る 재다	砂時計で時間を計ります。 모래시계로 시간을 잽니다.
• 計らう 봐주다	できるだけ便宜を計らいます。 가능한 한 편의를 봐주겠습니다.
• 計画 계획	夏休みの計画を立てました。 여름 방학 계획을 세웠습니다.

158 (합할)합	획수 6 부수 口	合合合合合合
合 N4	훈 あう/あわす/あわせる 음 ゴウ/ガッ/カッ	

• 合う 맞다	これはサイズが合いません。 이것은 사이즈가 맞지 않습니다.
• 合わせる 합치다	二人は力を合わせました。 둘은 힘을 합쳤습니다.
• 合計 합계	合計でいくらですか。 합계해서 얼마입니까?

159 (그칠)지	획수 4 부수 止	止止止止
止 N4	훈 とまる/とめる 음 シ	

• 止まる 멈추다	バスはどこに止まりますか。 버스는 어디에 멈춥니까?
• 止める 세우다	ここに車を止めてください。 여기에 차를 세우세요.
• 中止 중지	雨で試合を中止します。 비가 내려서 시합을 중지합니다.

160 (밥)식	획수 9 부수 食	食 食 食 食 食 食 食 食 食
食 N5	훈 くう/くらう/たべる 음 ショク/ジキ	

- 食う 먹다
- 食べる 먹다
- 食堂 식당

お前、よく食うな！너 잘도 먹는구나！

何か食べましょうか。뭔가 먹을까요?

食堂はどこですか。식당은 어디입니까?

161 (끊을)절/(모두)체	획수 4 부수 刀	切 切 切 切
切 N4	훈 きる/きれる 음 セツ/サイ	

- 切る 자르다
- 切れる 끊어지다
- 大切だ 중요하다

肉を細かく切ります。고기를 잘게 썹니다.

時計の電池が切れました。시계의 전지가 다 됐습니다.

明日は大切な日です。내일은 중요한 날입니다.

162 (짤)조	획수 11 부수 糸	組 組 組 組 組 組 組 組 組 組 組
組 N4	훈 くむ/くみ 음 ソ	

- 組む 끼다, 짜다
- 組 반, 학급
- 組織 조직

夫婦が腕を組んで歩いています。부부가 팔짱을 끼고 걷고 있습니다.

ぼくは一年一組です。나는 1학년 1반입니다.

市役所の組織が変わります。시청의 조직이 변합니다.

163 (달릴)주	획수 7 부수 走	走 走 走 走 走 走 走
走 N4	훈 はしる 음 ソウ	

- 走る 달리다
- 走行 주행

あなたは毎日走りますか。당신은 매일 달립니까?

走行中にもテレビを見たいです。주행 중에도 텔레비전을 보고 싶습니다.

164 (곧을)직	획수 8 부수 目	直 直 直 直 直 直 直 直
直 N4	훈 ただちに/なおす 　　　　なおる 음 チョク/ジキ	

- 直す 고치다
- 直接 직접
- 正直だ 정직하다

彼は自転車を直しています。 그는 자전거를 고치고 있습니다.

直接彼女に聞いてください。 직접 그녀에게 물어 보세요.

あなたは正直な人ですね。 당신은 정직한 사람이군요.

165 (통할)통	획수 10 부수 辶(辵)	通 通 通 通 通 通 通 通 通 通
通 通 N4	훈 とおる/とおす/かよう 음 ツウ/ツ	

- 通る 지나가다
- 通う 다니다
- 交通 교통

この道は人がたくさん通ります。 이 길은 사람이 많이 지나갑니다.

妹は高校に通っています。 여동생은 고등학교에 다니고 있습니다.

東京は交通が便利です。 도쿄는 교통이 편리합니다.

166 (마땅할)당	획수 6 부수 ⺌(小)	当 当 当 当 当 当
当 當 N4	훈 あたる/あてる 음 トウ	

- 当たる 맞다
- 当てる 맞히다
- 弁当 도시락

宝くじが当たりました。 복권이 당첨되었습니다.

クイズの答えを当てました。 퀴즈의 답을 맞혔습니다.

ここのお弁当はおいしいです。 여기 도시락은 맛있습니다.

167 (걸음)보	획수 8 부수 止	歩 歩 歩 歩 歩 歩 歩 歩
歩 歩 N4	훈 あるく/あゆむ 음 ホ/ブ/フ	

- 歩く 걷다
- 歩道 보도
- ! 散歩 산책

歩いて学校へ行きます。 걸어서 학교에 갑니다.

歩道は歩行者のための道です。 보도는 보행자를 위한 길입니다.

私は毎朝、公園を散歩します。 저는 매일 아침 공원을 산책합니다.

168 (울)명	획수 14 부수 鳥	鳴 鳴 鳴 鳴 鳴 鳴 鳴 鳴 鳴 鳴
鳴 N4	훈 なく/なる/ならす 음 メイ	鳴 鳴 鳴 鳴

- 鳴く 울다
- 鳴る 울리다
- 悲鳴 비명

セミが鳴いています。 매미가 울고 있습니다.

電話のベルが鳴りました。 전화벨이 울렸습니다.

嬉しい悲鳴が聞こえてきます。 기쁜 비명이 들려옵니다.

169 (쓸)용	획수 5 부수 用	用 月 月 月 用
用 N4	훈 もちいる 음 ヨウ	

- 用いる 사용하다
- 用 용무, 일
- 用事 용무, 볼일

ペンを用いて描いた絵です。 펜을 사용하여 그린 그림입니다.

何のご用ですか。 무슨 일이십니까?

明日、東京に用事があります。 내일 도쿄에 용무가 있습니다.

I. 밑줄 친 부분의 한자 읽기를 히라가나로 쓰시오.

1 9から 2を 引く。

2 虫が 鳴いて います。

3 字を 教える。

4 歩道を 歩きなさい。

5 食堂は 2階です。

6 自転車で 学校に 通います。

7 映画を 見て、晩ごはんを 食べて、9時に うちへ 帰りました。

8 あなたに とって、いちばん 大切な ものは 何ですか。

9 家から 駅まで 走って 何分 掛かるかを 計って みます。

10 今日は 学校の 用事で とても 忙しかったです。

11 私は スーパーの 入り口から 近い ところに 車を 止めました。

12 日本で 最も 強い 組織は ヤクザかも しれません。

13 今日、ソフトボールが 私の 頭に 当たりました。

낱말과표현

自転車 자전거 | 晩ごはん 저녁밥 | ~に とって ~에게는, ~에게 있어 | 掛かる (시간이)걸리다 | 入り口 입구 |
最も 가장 | ヤクザ 야쿠자, 깡패 | ~かも しれない ~일지도 모른다 | ソフトボール 소프트볼

II. 다음 □ 안에 꼭 들어맞는 한자를 쓰시오.

1 毎朝、散 □ します。　　　　2 銀行に □ 事が あります。

3 何 □ 中国に 行きましたか。　　4 正 □ に 言いなさい。

5 靴の サイズが □ いません。　　6 紙で 指を □ りました。

7 日本では、ご飯を □ べる ときに スプーンは 使いません。

8 これからは、二人で 力を □ わせて 人生を 歩んで いきます。

9 森田さんは アメリカの 大学で 日本語を □ えて います。

10 毎日、自分で お弁 □ を 作りますか。

11 本日の 運動会は 雨の ため、中 □ と なりました。

12 昨夜は 秋の 虫が □ いて いました。

13 雪道は 危ないですから、ゆっくり □ 行します。

낱말과표현

銀行 은행 | **サイズ** 사이즈 | **紙** 종이 | **指** 손가락 | **スプーン** 숟가락 | **使う** 사용하다 | **人生を 歩む** 인생을 걷다 |
運動会 운동회 | **雪道** 눈길 | **危ない** 위험하다

UNIT 06 건물과 장소

한자 **미리보기**

園 京 戸 公 交 市 寺 室 場 台 店 道
番 門 里

170 (동산)원 園 N4	획수 13 부수 口 훈 その 음 エン	園 園 園 園 園 園 園 園 園 園 園 園 園
はなぞの ! 花園 화원 どうぶつえん • 動物園 동물원	こ いぬ　　　はなぞの　　はい 小犬が花園に入りました。 강아지가 화원에 들어갔습니다. どうぶつえん　　す 動物園は好きじゃありません。 동물원은 좋아하지 않습니다.	

171 (서울)경 京 N4	획수 8 부수 亠 훈 ― 음 キョウ/ケイ	京 京 京 京 京 京 京 京
きょう と • 京都 교토 けいひん　　　　　とうきょう • 京浜 도쿄(東京)와 よこはま 요코하마(横浜)	なつやす　　　　きょうと　い 夏休みに京都に行くつもりです。 여름 방학에 교토에 갈 생각입니다. けいひん とうほくせん　　でんしゃ これが京浜東北線の電車です。 이것이 케이힌 동북선 전철입니다.	

172 (지게/집)호 戸 N4　　　　戸	획수 4 부수 戸(戸) 훈 と 음 コ	戸 戸 戸 戸
と • 戸 문 いっ こ だ • 一戸建て 단독 주택	と　　あ 戸を開けてください。 문을 열어 주세요. いっこ だ　　　す これから一戸建てに住みたいです。 앞으로 단독 주택에 살고 싶어요.	

173 (공평할)공	획수 4 부수 八	公 公 公 公
公 N4	훈 おおやけ 음 コウ	

- 公 정부, 공공 (おおやけ)
- 公務員 공무원 (こうむいん)

公園は公のものです。 공원은 공공의 것입니다. (こうえん)

私は公務員になりたいです。 저는 공무원이 되고 싶습니다. (わたし)

174 (사귈/섞일)교	획수 6 부수 亠	交 交 交 交 交 交
交 N4	훈 まじわる/まじえる まじる/まざる/まぜる かう/かわす 음 コウ	

- 交わる 교차하다 (まじ)
- 交わす 주고받다 (か)
- 交番 파출소 (こうばん)

二つの道がここで交わります。 두 개의 길이 여기서 교차합니다. (ふた, みち)

彼らはあいさつを交わしました。 그들은 인사를 주고받았습니다. (かれ)

バス亭は交番の前にあります。 버스 정류장은 파출소 앞에 있습니다. (てい, まえ)

175 (저자)시	획수 5 부수 巾	市 市 市 市 市
市 N4	훈 いち 음 シ	

- 市 시 (し)
- 市長 시장 (しちょう)
- 市場 시장 (いちば)

この市には、動物園はありますか。 이 시에는 동물원은 있습니까? (どうぶつえん)

彼がこの市の市長です。 그가 이 시의 시장입니다. (かれ, し)

市場でイクラを買いました。 시장에서 연어 알을 샀습니다. (か)

176 (절)사	획수 6 부수 寸	寺 寺 寺 寺 寺 寺
寺 N4	훈 てら 음 ジ	

- 寺 절 (てら)
- 寺院 사원 (じいん)

お寺の中にお店がありました。 절 안에 가게가 있었습니다. (なか, みせ)

京都は古い寺院で有名です。 교토는 오래된 사원으로 유명합니다. (きょうと, ふる, ゆうめい)

177 (집)실	획수 9 부수 宀	室室室室室室室室室
室 N4	훈 むろ 음 シツ	

- 室町時代 무로마치 시대 (むろまち じ だい) ‖ 彼は室町時代の人物です。 그는 무로마치 시대의 인물입니다. (かれ / じんぶつ)
- 室内 실내 (しつない) ‖ 室内では靴を脱ぎます。 실내에서는 구두를 벗습니다. (くつ / ぬ)
- 読書室 독서실 (どくしょしつ) ‖ 読書室はどこですか。 독서실은 어디입니까?

178 (마당)장	획수 12 부수 土	場場場場場場場場場場 場場
場 N4	훈 ば 음 ジョウ	

- 場所 장소 (ば しょ) ‖ ピアノを置く場所がありません。 피아노를 둘 장소가 없습니다. (お)
- 会場 회장 (かいじょう) ‖ コンサートの会場はどこですか。 콘서트 회장은 어디입니까?

179 (대)대/(태풍)태	획수 5 부수 口	台 台 台 台 台
台 N4 臺	훈 ― 음 ダイ/タイ	

- ～台 ～대 (だい) ‖ 自転車が一台あります。 자전거가 한 대 있습니다. (じ てんしゃ / いち)
- 台所 부엌 (だいどころ) ‖ 台所に猫がいます。 부엌에 고양이가 있습니다. (ねこ)
- 台風 태풍 (たいふう) ‖ 今年は台風が多いです。 금년에는 태풍이 많습니다. (ことし / おお)

180 (가게)점	획수 8 부수 广	店店店店店店店店
店 N5	훈 みせ 음 テン	

- 店 가게 (みせ) ‖ この店は安くておいしいです。 이 가게는 싸고 맛있습니다. (やす)
- 店員 점원 (てんいん) ‖ この店は店員が親切です。 이 가게는 점원이 친절합니다. (みせ / しんせつ)

181 (길)도	획수 12 부수 辶(辵)	道 道 道 道 道 道 道 道 道 道 道 道
道 N5 道	훈 みち 음 ドウ/トウ	

- 道 길
- 水道 수도
- 神道 일본 전통 신앙

彼はどこへ行っても道に迷います。 그는 어디에 간들 길을 헤맵니다.

水道の水が止まりません。 수돗물이 멈추지 않습니다.

これも神道の行事です。 이것도 신도(일본 전통 신앙)의 행사입니다.

182 (차례)번	획수 12 부수 田	番 番 番 番 番 番 番 番 番 番 番
番 N4	훈 ― 음 バン	

- 一番 제일, 가장
- ～番線 ～번 선

クラスでだれが一番背が高いですか。 반에서 누가 제일 키가 큽니까?

東京行きは何番線ですか。 도쿄행은 몇 번 선입니까?

183 (문)문	획수 8 부수 門	門 門 門 門 門 門 門 門
門 N4	훈 かど 음 モン	

- 門出 (새)출발
- 門 문
- 校門 교문

二人の門出を祝います。 두 사람의 새출발을 축하합니다.

あれはソウル大学の門です。 저것은 서울 대학의 문입니다.

校門の前にタクシがあります。 교문 앞에 택시가 있습니다.

184 (마을)리	획수 7 부수 里	里 里 里 里 里 里 里
里 N1	훈 さと 음 リ	

- 里 시골, 친정
- ～里 ～리

母の里に行くのは久しぶりです。 외갓집에 가는 것은 오랜만입니다.

千里も一里。 (그리운 사람을 만나러 갈 때는)천리도 지척이다.

I. 밑줄 친 부분의 한자 읽기를 히라가나로 쓰시오 .

1 彼は 公務員です。

2 会場は どちらですか。

3 来週 台風が 来ます。

4 この 店は 狭いです。

5 学校の 校門

6 京都の お寺を 見に 行きます。

7 今日は 天気が あまり よく なかったので、室内で 遊びました。

8 海と 空が 交わる ところを 水平線と いいます。

9 この 動物園には コアラは いますか。

10 すみませんが、最寄りの 地下鉄の 駅へ 行く 道を 教えて ください。

11 今 日本で 一番 人気の ある スポーツは 何でしょうか。

12 先週の 月曜日、さいたま市の 市長に 会いました。

13 きちんと 戸を 閉めなさい。

낱말과 표현

狭い 좁다 | 水平線 수평선 | コアラ 코알라 | 最寄り 가장 가까움 | 地下鉄 지하철 | 人気 인기 | スポーツ 스포츠 |
会う 만나다 | きちんと 정확히 | 閉める (문 등을)닫다

II. 다음 □ 안에 꼭 들어맞는 한자를 쓰시오.

1 あれは お [寺 (てら)] ですか。　　2 母 (はは) は [台 (だい)] 所 (どころ) に います。

3 どんな [店 (みせ)] ですか。　　4 山 (やま) [道 (みち)] を 走 (はし) る 車 (くるま)

5 一 [里 (り)] は 約 (やく) 4 キロです。　　6 一 [戸 (いっこ)] 建 (だ) ての 家 (いえ)

7 子どもも 大人 (おとな) も 大 (おお) きな 声 (こえ) で あいさつを [交 (か)] わしました。

8 姉 (あね) は 医者 (いしゃ) に なって、妹 (いもうと) は [公 (こう)] 務員 (むいん) に なりました。

9 どの 町 (まち) や 村 (むら) にも [交 (こう)][番 (ばん)] が あります。

10 これが お前 (まえ) の [門 (かど)] 出 (で) を 祝 (いわ) う お酒 (さけ) だよ。

11 今朝 (けさ) 早 (はや) く 母 (はは) と いっしょに 魚 (うお) [市 (いち)][場 (ば)] へ 行 (い) って きました。

12 明日 (あした)、成人式 (せいじんしき) が ありますが、会 [場 (じょう)] の [場 (ば)] 所 (しょ) が 分 (わ) かりません。

13 2 階 (かい) の 読書 (どくしょ) [室 (しつ)] は、誰 (だれ) でも 利用 (りよう) できますか。

낱말과표현

約 (やく) 약. 대략 | **~建て** (だ) 건물 양식이나 층수를 나타내는 말 | **大人** (おとな) 어른 | **大きな** (おお) 커다란 | **声** (こえ) 목소리 | **あいさつ** 인사 |
医者 (いしゃ) 의사 | **祝う** (いわ) 축하하다 | **成人式** (せいじんしき) 성인식 | **利用できる** (りよう) 이용할 수 있다

UNIT 07 교과목

한자 **미리보기**

科 画 会 楽 活 語 工 国 作 算 社 図
数 体 理

185 (과정/과목)과	**획수** 9 **부수** 禾	科 科 科 科 科 科 科 科 科
科 N4	**훈** ― **음** カ	

- **か もく** 科目 과목
- **ない か** 内科 내과

科学は私の苦手な科目です。 과학은 제가 잘 못하는 과목입니다.

内科は5階です。 내과는 5층입니다.

186 (그림)화/(그을)획	**획수** 8 **부수** 田	画 画 画 画 画 画 画 画
画 N4 畫	**훈** ― **음** ガ/カク	

- **が か** 画家 화가
- **が ようし** 画用紙 도화지
- **かくすう** 画数 획수

将来、画家になりたいです。 장래 화가가 되고 싶습니다.

画用紙に絵をかきます。 도화지에 그림을 그립니다.

この漢字の画数は7画です。 이 한자의 획수는 7획입니다.

187 (모을/모일)회	**획수** 6 **부수** 人	会 会 会 会 会 会
会 N5 會	**훈** あう **음** カイ/エ	

- **あ** 会う 만나다
- **かい わ** 会話 회화
- **え しゃく** 会釈 가볍게 인사함

2時に原宿で会いませんか。 2시에 하라주쿠에서 만나지 않을래요?

日本語で会話をしてみませんか。 일본어로 회화를 해 보지 않겠습니까?

彼は会釈をして通りました。 그는 가볍게 인사를 하고 지나갔습니다.

188 (즐길)락/(풍류)악	획수 13 부수 木	楽 楽 楽 楽 楽 楽 楽 楽 楽 楽
楽 樂 N4	훈 たのしい/たのしむ 음 ガク/ラク	楽 楽 楽

• 楽しい 즐겁다	学校は楽しいです。 학교는 즐겁습니다.
! 楽器 악기	とてもめずらしい楽器ですね。 매우 신기한 악기군요.
• 楽だ 편안하다	この靴はとても楽です。 이 구두는 매우 편합니다.

189 (살)활	획수 9 부수 氵(水)	活 活 活 活 活 活 活 活 活
活 N4	훈 — 음 カツ	

• 生活 생활	彼は年金で生活しています。 그는 연금으로 생활하고 있습니다.
• 活動 활동	私はボランティア活動が好きです。 나는 봉사활동을 좋아합니다.

190 (말씀)어	획수 14 부수 言	語 語 語 語 語 語 語 語 語 語
語 N5	훈 かたる/かたらう 음 ゴ	語 語 語 語

! 物語 이야기, 소설	とても悲しい物語を読みました。 매우 슬픈 이야기를 읽었습니다.
• 語らう 이야기를 나누다	友達と公園で語らいます。 친구와 공원에서 이야기를 나눕니다.
• 国語 국어	山田さんは国語の先生です。 야마다 씨는 국어 선생님입니다.

191 (장인)공	획수 3 부수 工	工 工 工
工 N4	훈 — 음 コウ/ク	

• 工場 공장	父は工場で働いています。 아버지는 공장에서 일하고 있습니다.
• 大工 목수(일)	趣味は日曜大工です。 취미는 일요 목수입니다.

192 (나라)국 国 N5 國	획수 8 부수 口 훈 くに 음 コク	国 国 国 国 国 国 国 国

• 国 나라, 국가
• 外国語 외국어
• ! 中国 중국

スイスはどんな国ですか。 스위스는 어떤 나라입니까?

外国語の勉強はおもしろいです。 외국어 공부는 재미있습니다.

ナムさんは中国から来ました。 남 씨는 중국에서 왔습니다.

193 (지을)작 作 N4	획수 7 부수 イ(人) 훈 つくる 음 サク/サ	作 作 作 作 作 作 作

• 作る 만들다
• 作文 작문
• 作用 작용

一人でケーキを作りました。 혼자서 케이크를 만들었습니다.

彼女は作文が上手です。 그녀는 작문을 잘합니다.

この薬に副作用はありません。 이 약에 부작용은 없습니다.

194 (셈할)산 算 N4	획수 14 부수 竹 훈 ― 음 サン	算 算 算 算 算 算 算 算 算 算 算 算 算 算

• 算数 산수
• 計算 계산

明日は算数のテストがあります。 내일은 산수 시험이 있습니다.

計算には自信があります。 계산에는 자신이 있습니다.

195 (모일)사 社 N5 社	획수 7 부수 ネ(示) 훈 やしろ 음 シャ	社 社 社 社 社 社 社

• 社 신을 모신 건물
• 社会 사회

山の頂に小さな社があります。 산 꼭대기에 작은 신사가 있습니다.

社会の仕組みを学びます。 사회의 구조를 배웁니다.

196 (그림)도	**획수** 7 **부수** 口	図 図 図 図 図 図 図
図 N4 圖	**훈** はかる / **음** ズ/ト	

- 図る 노리다, 도모하다
- 図画 도화, 그림
- 図書館 도서관

平和的な解決を図ります。 평화적인 해결을 도모합니다.

一番得意な科目は図画工作です。 제일 잘하는 과목은 미술입니다.

図書館はもう閉まりました。 도서관은 벌써 닫혔습니다.

197 (셀/수)수	**획수** 13 **부수** 攵(攴)	数 数 数 数 数 数 数 数 数
数 N4 數	**훈** かず/かぞえる / **음** スウ/ス	数 数 数

- 数 수
- 数える 세다
- 数学 수학

おみやげの数が足りないです。 선물 수가 부족합니다.

1から100まで数えます。 1부터 100까지 셉니다.

数学で40点をとりました。 수학에서 40점을 맞았습니다.

198 (몸)체	**획수** 7 **부수** イ(人)	体 体 体 什 什 休 体
体 N4 體	**훈** からだ / **음** タイ/テイ	

- 体 몸
- 体育 체육
- 風体 풍체

体の仕組みを学びます。 몸의 구조를 배웁니다.

今日、体育をずる休みしました。 오늘 체육을 꾀부려 쉬었습니다.

その男はどんな風体でしたか。 그 남자는 어떤 풍체였습니까?

199 (다스릴)리/이	**획수** 11 **부수** 王(玉)	理 理 理 理 理 理 理 理 理
理 N4	**훈** ― / **음** リ	理

- 理科 이과
- 料理 요리

中村さんは理科の先生です。 나카무라 씨는 이과 선생님입니다.

私は料理が下手です。 저는 요리를 못 합니다.

I. 밑줄 친 부분의 한자 읽기를 히라가나로 쓰시오.

1 どんな 科目が 好_すきですか。　　2 画用_し紙を 買_かいました。

3 彼女_{かのじょ}は 計算_{てき}的な 人_{ひと}です。　　4 あの 人_{ひと}は 社会の 先生_{せんせい}です。

5 キャンプでの 生活　　　　　6 国語の 教科書_{きょうかしょ}です。

7 きのう 友達_{ともだち}の プレゼントで ぬいぐるみを 作_{つく}りました。

8 ぼくは 算数の テストで 100点_{てん}を 取_とりました。

9 小学校_{しょうがっこう}の ときに 図画工作_{こうさく}は 好_すきでしたか。

10 マイケルさんは 体_{おお}が 大きくて、力_{ちから}が 強_{つよ}いです。

11 私_{わたし}は 理科は 得意_{とくい}ですが、英語_{えいご}は 少_{すこ}し 苦手_{にがて}です。

12 世_よの 中_{なか}には 楽_{たの}しくて めずらしい 楽器_きが いっぱい あります。

13 今年_{ことし}の 体育の 日_ひは いつに なるのでしょうか。

낱말과 표현

キャンプ 캠프 | **教科書_{きょうかしょ}** 교과서 | **ぬいぐるみ** 봉제 인형 | **テスト** 테스트 | **100点_{てん}を 取_とる** 100점을 받다 |
得意_{とくい}だ 잘하다, 자신 있다 | **英語_{えいご}** 영어 | **少_{すこ}し** 조금 | **苦手_{にがて}だ** 서툴다

II. 다음 □ 안에 꼭 들어맞는 한자를 쓰시오.

1 内_{ない}□_か の お医_{いしゃ}者さん

2 学校_{がっこう}は □_{たの}しいですか。

3 強_{つよ}い □_{からだ} は 美_{うつく}しいです。

4 この 人_{ひと}は □_が家_かです。

5 □_{さく}文_{ぶん}を 書_かきます。

6 彼_{かれ}は □_{かつ}動的_{どうてき}な 人_{ひと}です。

7 私_{わたし}の 好_すきな 教科_{きょうか}は □_{こく}□_ごで、苦手_{にがて}な 教科_{きょうか}は □_{すう}学_{がく}です。

8 この 町_{まち}には 紙_{かみ}を □_{つく}る □_{こう}場_{じょう}が あります。

9 私_{わたし}は 日曜_{にちよう}大_{だい}□_く を するのが 好_すきです。

10 日本_{にほん}で 一番_{いちばん} □_{かく}□_{すう} の 多_{おお}い 漢字_{かんじ}は 何_{なん}でしょうか。

11 □_{さん}□_{すう} は 前_{まえ}より よい 点_{てん}が とれました。

12 地_ち□_ず を 見_みながら 山田_{やまだ}さんの アパートを 探_{さが}しました。

13 私_{わたし}の □_{しゃ}□_{かい}と □_り□_か の 教科書_{きょうかしょ}が 無_なくなりました。

낱말과표현

教科_{きょうか} 교과 | 多_{おお}い 많다 | 漢字_{かんじ} 한자 | よい 좋다 | 点_{てん}が とれる 점수를 딸 수 있다 | 探_{さが}す 찾다 | 無_なくなる 없어지다

학습활동과 전달

 한자 **미리보기**

歌 絵 記 言 考 思 書 心 声 知 答 読
聞 話

200 (노래)가	획수 14 부수 欠	歌 歌 歌 歌 歌 歌 歌 歌 歌 歌
歌 N4	훈 うた/うたう 음 カ	歌 歌 歌 歌

- うた
  歌 노래
- うた
  歌う 노래하다
- か しゅ
  歌手 가수

むらやませんせい　　　　　　じょうず
村山先生は歌が上手です。 무라야마 선생님은 노래를 잘합니다.

か ない　　いっしょ
家内と一緒に歌いました。 아내와 함께 노래했습니다.

ひと　　　ゆうめい
あの人は有名な歌手です。 저 사람은 유명한 가수입니다.

201 (그림)회	획수 12 부수 糸	絵 絵 絵 絵 絵 絵 絵 絵 絵 絵
絵 N4 繪	훈 ― 음 カイ/エ	絵 絵

- かい が
  絵画 회화, 그림
- え
  絵 그림
- え ほん
  絵本 그림책

だいめい　　なん
この絵画の題名は何ですか。 이 그림의 제목은 무엇입니까?

ぼく　　しゅみ　　　か
僕の趣味は絵を描くことです。 저의 취미는 그림을 그리는 것입니다.

ひさ　　　　　　　　　か
久しぶりに絵本を買いました。 오랜만에 그림책을 샀습니다.

202 (기록할)기	획수 10 부수 言	記 記 記 記 記 記 記 記 記 記
記 N3	훈 しるす 음 キ	

- しる
  記す 적다
- にっ き
  日記 일기

きょうかしょ　　な まえ
教科書に名前を記します。 교과서에 이름을 적습니다.

まいにち
毎日日記をつけています。 매일 일기를 쓰고 있습니다.

203 (말씀)언	획수 7 부수 言	言 言 言 言 言 言 言
言 N5	훈 いう/こと 음 ゲン/ゴン	

- 言う 말하다
- 言葉 말, 어(語)
- 言語 언어

もっと大きい声で言ってください。좀 더 큰 소리로 말해 주세요.

きれいな言葉を使いましょう。예쁜 말을 사용합시다.

イギリス人の言語は英語です。영국인의 언어는 영어입니다.

204 (상고할)고	획수 6 부수 耂(老)	考 考 考 考 考 考
考 N4	훈 かんがえる 음 コウ	

- 考える 생각하다
- 参考書 참고서

あなたはこれをどう考えますか。당신은 이것을 어떻게 생각합니까?

本屋さんで参考書を買いました。서점에서 참고서를 샀습니다.

205 (생각)사	획수 9 부수 心	思 思 思 思 思 思 思 思 思
思 N4	훈 おもう 음 シ	

- 思う 생각하다
- 思い出す 생각나다
- 思考 사고

明日は雪が降ると思います。내일은 눈이 내릴 거라고 생각합니다.

私はよくあなたを思い出します。나는 자꾸 당신이 생각납니다.

私の短所は、マイナス思考です。제 단점은 마이너스 사고입니다.

206 (글)서	획수 10 부수 日	書 書 書 書 書 書 書 書 書 書
書 N5	훈 かく 음 ショ	

- 書く 쓰다
- 教科書 교과서

その紙に書いてください。그 종이에 써 주세요.

これはだれの教科書ですか。이것은 누구의 교과서입니까?

207 (마음)심	**획수** 4 **부수** 心	心 心 心 心

心

N4

• 心 마음	あなたはとても心がきれいです。 당신은 매우 마음이 예쁩니다.
• 中心 중심	ここが世界の中心です。 여기가 세계의 중심입니다.

208 (소리)성	**획수** 7 **부수** 士	声 声 声 声 声 声 声

声

훈 こえ/こわ
음 セイ/ショウ

聲

N4

• 声 목소리	大きな声で校歌を歌います。 큰 목소리로 교가를 부릅니다.
! 小声 작은 목소리	小声でお母さんを呼びます。 작은 목소리로 어머니를 부릅니다.
• 声楽 성악	私は声楽を専攻しています。 저는 성악을 전공하고 있습니다.

209 (알)지	**획수** 8 **부수** 矢	知 知 知 知 知 知 知 知

知

훈 しる
음 チ

N4

• 知る 알다	あの人の名前を知っていますか。 저 사람의 이름을 알고 있습니까?
• 知り合い 아는 사람	東京には知り合いがいません。 도쿄에는 아는 사람이 없습니다.
• 知人 지인	古い知人に会いました。 오래된 지인을 만났습니다.

210 (대답)답	**획수** 12 **부수** 竹	答 答 答 答 答 答 答 答 答 答 答 答

答

훈 こたえる/こたえ
음 トウ

N4

• 答える 대답하다	つぎの問題に答えなさい。 다음 문제에 대답하시오.
• 答え 대답, 답안	計算する度に答えが違います。 계산할 때마다 답이 다릅니다.
• 答案 답안	白紙の答案を出しました。 백지 답안을 제출했습니다.

211 (읽을)독	**획수** 14 **부수** 言	読 読 読 読 読 読 読 読 読 読
読 N5 讀	**훈** よむ **음** ドク/トク/トウ	読 読 読 読

- 読む 읽다
- 読書 독서
- 読点 독점(、)

彼はたくさんの本を読みます。 그는 많은 책을 읽습니다.

読書は心を広くします。 독서는 마음을 넓게 합니다.

句点と読点の正しい使い方。 구점(。)과 독점(、)의 올바른 사용법.

212 (들을)문	**획수** 14 **부수** 耳	聞 聞 聞 聞 聞 聞 聞 聞 聞 聞
聞 N5	**훈** きく/きこえる **음** ブン/モン	聞 聞 聞 聞

- 聞く 듣다, 묻다
- 聞こえる 들리다
- 新聞 신문

歩きながら音楽を聞きます。 걸으면서 음악을 듣습니다.

鳥の鳴き声が聞こえます。 새의 지저귀는 소리가 들립니다.

毎日、新聞を読みますか。 매일 신문을 읽습니까?

213 (말할/말씀)화	**획수** 13 **부수** 言	話 話 話 話 話 話 話 話 話 話
話 N5	**훈** はなす/はなし **음** ワ	話 話 話

- 話す 말하다
- 話 이야기, 말
- 会話 회화, 대화

いま誰と話していますか。 지금 누구와 말하고 있습니까?

その話をだれに聞きましたか。 그 이야기를 누구에게 들었습니까?

私たちは会話が少ないです。 우리들은 대화가 적습니다.

I. 밑줄 친 부분의 한자 읽기를 히라가나로 쓰시오.

1 あの 歌手の 歌が 好きです。   2 言いたい ことは 何も ない。

3 私は 絵が 好きです。   4 あれは 何の 教科書ですか。

5 この 思考は 正しいですか。   6 私は その 話を 信じます。

7 私は 知り合いは たくさん いますが、友達は 少ないです。

8 私は、同じ 本を 2、3回 読みなおします。

9 文章の 中の 丸(。)や 点(、)を 句読点と いいます。

10 今月の 細かい 予定を カレンダーに 記しました。

11 この クイズの 答えは いくら 考えても 分かりません。

12 あなたは とても 親切で、心が きれいな 人です。

13 聞こえないので、もっと 大きい 声で 言って ください。

낱말과 표현

正しい 바르다 | 信じる 믿다 | 同じだ 같다 | 동사ます형+なおす 다시 ~하다 | 文章 문장 | 細かい 자세하다 |
予定 예정 | カレンダー 달력 | クイズ 퀴즈

II. 다음 □ 안에 꼭 들어맞는 한자를 쓰시오.

1 クイズに □ えます。

2 新 □ を □ みます。

3 日 □ を □ きます。

4 自分の □ えを □ いなさい。

5 野菜を □□ にした 料理

6 彼は □ 人が 多いです。

7 2階から 毎日 きれいな □ 声が □ こえて きます。

8 友達の 子供の 誕生日に □ 本を あげました。

9 ここは 大学時代の □ い出の 場所です。

10 日本語が よく 分からないので、もう 少し ゆっくり □ って ください。

11 彼女は いつも 優しい □ を 持って います。

12 科学の 先生の □ は おもしろく ないです。

13 LINEの アプリで 日本の 友達と 毎日 会 □ を して います。

낱말과표현

自分 자신 | **野菜** 채소 | **料理** 요리 | **大学時代** 대학 시절 | **~ので** ~므로, ~때문에 | **もう 少し** 좀 더 |
ゆっくり 천천히 | **科学** 과학 | **アプリ** 「アプリケーション」의 준말, 어플

한자 **미리보기**

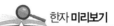

角 丸 形 広 高 黄 黒 色 線 茶 長 点
同 明

214 (뿔)각 角 N4	획수 7 부수 角 훈 かど/つの 음 カク	角 角 角 角 角 角 角

- かど 角 구석, 길모퉁이
- つの 角 뿔
- ! 三角形 삼각형

三番目の角を曲がります。세 번째 모퉁이를 돕니다.

馬に角がないのは何故でしょうか。말에 뿔이 없는 것은 왜일까요?

ノートに三角形をかきます。노트에 삼각형을 그립니다.

215 (둥글)환 丸 N4	획수 3 부수 丶 훈 まる/まるい/まるめる 음 ガン	九 九 九

- まる 丸 동그라미
- まる 丸い 둥글다
- がんやく 丸薬 환약

正しい文に丸を付けなさい。바른 글에 동그라미를 치세요.

丸いテーブルを買いました。둥근 테이블을 샀습니다.

丸薬を飲みます。환약을 먹습니다.

216 (모양)형 形 N3	획수 7 부수 彡 훈 かた/かたち 음 ケイ/ギョウ	形 形 形 形 形 形 形

- かたち 形 형태, 모양
- ずけい 図形 도형, 그림
- にんぎょう 人形 인형

このメロンは形がよくないです。이 메론은 모양이 좋지 않습니다.

パワーポイントで図形を作ります。파워포인트로 도형을 만듭니다.

この人形は私のです。이 인형은 제 것입니다.

217 (넓을)광	**획수** 5 **부수** 广	広 広 広 広 広
広 N4 廣	**훈** ひろい/ひろまる ひろめる/ひろがる ひろげる **음** コウ	

- ひろ
 広い 넓다
- ひろ
 広まる 넓어지다, 퍼지다
- こうこく
 広告 광고

広い海を見に行きましょう。넓은 바다를 보러 갑시다.

わる
 悪いうわさはすぐ広まります。나쁜 소문은 금방 널리 퍼집니다.

み
 デパートの広告を見ましたか。백화점 광고를 봤습니까?

218 (높을)고	**획수** 10 **부수** 高	高 高 高 高 高 高 高 高 高 高
高 N5	**훈** たかい/たか たかまる/たかめる **음** コウ	

- たか
 高い 높다, 비싸다
- たか
 高まる 높아지다
- こうこうせい
 高校生 고등학생

くん せ
 ヘソン君は背が高いです。혜성 군은 키가 큽니다.

がくせい しゅうちゅうりょく
 学生の集中力が高まります。학생의 집중력이 높아집니다.

おとうと
 弟は高校生です。남동생은 고등학생입니다.

219 (누를)황	**획수** 11 **부수** 黄(黃)	黄 黄 黄 黄 黄 黄 黄 黄 黄 黄 黄
黄 N4 黃	**훈** き/こ **음** コウ/オウ	

- き いろ
 黄色い 노랗다
- こうしょく おうしょく
 黄色 / 黄色 황색
- おうごん
 黄金 황금

はな
 あの黄色い花がタンポポです。저 노란 꽃이 민들레입니다.

くるま すく
 黄色の車はなぜ少ないでしょうか。황색 자동차는 왜 적을까요?

じ だい
 あなたの黄金時代はいつですか。당신의 황금시대는 언제입니까?

220 (검을)흑	**획수** 11 **부수** 黒(黑)	黒 黒 黒 黒 黒 黒 黒 黒 黒 黒 黒
黒 N4 黑	**훈** くろ/くろい **음** コク	

- しろくろ
 白黒 흑백
- くろ
 黒い 검다
- こくばん
 黒板 칠판

えい が
 この映画は白黒です。이 영화는 흑백입니다.

ちち
 あの黒いかばんは父のです。저 검은 가방은 아버지 것입니다.

じ み
 黒板の字がよく見えません。칠판 글자가 잘 보이지 않습니다.

221 (빛)색 **色** N4	**획수** 6 **부수** 色 **훈** いろ **음** ショク/シキ	色 色 色 色 色 色
• 色 색 • 原色 원색 • 景色 경치	一番好きな色は何ですか。 가장 좋아하는 색은 무엇입니까? 原色をたくさん用いています。 원색을 많이 사용하고 있습니다. 美しい景色ですね。 아름다운 경치이군요.	

222 (줄)선 **線** N4	**획수** 15 **부수** 糸 **훈** ― **음** セン	線 線 線 線 線 線 線 線 線 線 線 線 線 線 線
• 線 선 • 直線 직선	左から右へ線を引きます。 왼쪽에서 오른쪽으로 선을 긋습니다. 太い直線を引きます。 굵은 직선을 긋습니다.	

223 (차)다/(차)차 **茶** N4	**획수** 9 **부수** ⺾(艸) **훈** ― **음** チャ/サ	茶 茶 茶 茶 茶 茶 茶 茶 茶
• お茶 차 • 紅茶 홍차 • 喫茶店 찻집	毎日お茶を飲みます。 매일 차를 마십니다. 紅茶はあまり飲みません。 홍차는 그다지 마시지 않습니다. 母は喫茶店をしています。 엄마는 찻집을 하고 있습니다.	

224 (길/어른)장 **長** N5	**획수** 8 **부수** 長 **훈** ながい **음** チョウ	長 長 長 長 長 長 長 長
• 長い 길다 • 校長 교장	キリンの首は長いです。 기린의 목은 깁니다. 彼はその高校の校長です。 그는 그 고등학교의 교장입니다.	

225 (점)점	획수 9 부수 灬	点 点 点 点 点 点 点 点 点
点 N4 點	훈 ― 음 テン	

• 点 점 • 弱点 약점	二つの点を直線で結びなさい。 두 개의 점을 직선으로 이으세요. それが私の弱点です。 그것이 나의 약점입니다.

226 (한가지)동	획수 6 부수 口	同 同 同 同 同 同
同 N4	훈 おなじ 음 ドウ	

• 同じだ 같다 • 同時に 동시에	私も同じことを考えています。 나도 같은 것을 생각하고 있습니다. 彼らは同時に会社を出ました。 그들은 동시에 회사를 나왔습니다.

227 (밝을)명	획수 8 부수 日	明 明 明 明 明 明 明 明
明 N4	훈 あかり/あかるい あかるむ/あからむ あきらか/あける あく/あくる/あかす 음 メイ/ミョウ	

• 明るい 밝다 • 説明 설명 ＊明日 내일	この教室は明るいです。 이 교실은 밝습니다. 先生の説明をしっかり聞きます。 선생님의 설명을 똑똑히 듣습니다. 明日は金曜日です。 내일은 금요일입니다.

I. 밑줄 친 부분의 한자 읽기를 히라가나로 쓰시오.

1 <ruby>高<rt>こえ</rt></ruby>い 声は ソプラノ

2 あの <ruby>公園<rt>こうえん</rt></ruby>は <ruby>広<rt></rt></ruby>いです。

3 <ruby>明<rt></rt></ruby>るい <ruby>性格<rt>せいかく</rt></ruby>の <ruby>人<rt>ひと</rt></ruby>

4 ここに <ruby>直線<rt></rt></ruby>を <ruby>引<rt>ひ</rt></ruby>きなさい。

5 <ruby>丸<rt>かお</rt></ruby>い <ruby>顔<rt>おとこ</rt></ruby>の <ruby>男<rt>こ</rt></ruby>の子

6 <ruby>土地<rt>とち</rt></ruby>が <ruby>三角形<rt></rt></ruby>です。

7 この りんごは <ruby>形<rt></rt></ruby>は <ruby>悪<rt>わる</rt></ruby>いですが、とても おいしいです。

8 アメリカ<ruby>人<rt>じん</rt></ruby>の <ruby>彼<rt>かれ</rt></ruby>は <ruby>原色<rt></rt></ruby>ファッションが <ruby>好<rt>す</rt></ruby>きです。

9 <ruby>日本<rt>にほん</rt></ruby>も ベトナムも <ruby>南北<rt>なんぼく</rt></ruby>に <ruby>長<rt></rt></ruby>い <ruby>国<rt>くに</rt></ruby>です。

10 <ruby>上田<rt>うえだ</rt></ruby>さんの お<ruby>父<rt>とう</rt></ruby>さんは <ruby>小学校<rt>しょうがっこう</rt></ruby>の <ruby>校長<rt>せんせい</rt></ruby>先生です。

11 <ruby>私<rt>わたし</rt></ruby>の バッグには、いつも <ruby>黄色<rt></rt></ruby>い ハンカチが <ruby>入<rt>はい</rt></ruby>って います。

12 <ruby>誰<rt>だれ</rt></ruby>にでも コンプレックスや <ruby>弱点<rt></rt></ruby>は あると <ruby>思<rt>おも</rt></ruby>います。

13 <ruby>私<rt>わたし</rt></ruby>の <ruby>知人<rt>ちじん</rt></ruby>で、<ruby>同<rt></rt></ruby>じ エピソードを <ruby>何度<rt>なんど</rt></ruby>も <ruby>何度<rt>なんど</rt></ruby>も <ruby>言<rt>い</rt></ruby>う <ruby>人<rt>ひと</rt></ruby>が います。

낱말과 표현

ソプラノ 소프라노 | **性格**<ruby><rt>せいかく</rt></ruby> 성격 | **引く**<ruby><rt>ひ</rt></ruby> 긋다 | **悪い**<ruby><rt>わる</rt></ruby> 나쁘다 | **ファッション** 패션 | **南北**<ruby><rt>なんぼく</rt></ruby> 남북 | **バッグ** 백 |

ハンカチ 손수건 | **エピソード** 에피소드 | **何度も**<ruby><rt>なんど</rt></ruby> 몇 번이나

II. 다음 ☐ 안에 꼭 들어맞는 한자를 쓰시오.

1 妹は ☐こう 校生です。

2 これは 白しろ☐くろ の 映画えいがですよ。

3 いい 景け☐しき ですね。

4 お客さんに お☐ちゃ を 出だします。

5 白はく☐せん の 内うちがわに 立たちます。

6 スーパーの ☐こう 告こくを 見みました。

7 花はなこちゃんに ボールの ように ☐まるい ☐かたち の ガムを もらいました。

8 どうか それを もう 一いちど度 説せつ☐めい して くださいませんか。

9 3年ねんかん間 片かたおも思いして いる 男だんし子と ☐おな じ クラスに なりました。

10 校こう☐ちょう 先せんせい生の 話はなしは いつも ☐なが いです。

11 その 時ときが 彼かのじょ女の ☐おう 金ごん時じ代だいでした。

12 私わたしは 中ちゅうかん間テストで いい ☐てん 数すうを とりたいです。

13 田たなかくん中君に 誕たんじょうび生日プレゼントで 十二じゅうに☐しょく のクレヨンを もらいました。

낱말과 표현

立つ 서다 | **ボール** 볼 | **ガム** 껌 | **どうか** 부디 | **~て くださいませんか** ~해 주시지 않겠습니까? | **片思い** 짝사랑 |
男子 남자 | **クラス** 학급 | **中間テスト** 중간고사 | **クレヨン** 크레용

도구와 차량, 기타

何 汽 弓 元 才 矢 紙 自 船 電 刀 万
友

228 (어찌)하 何 N5	획수 7 부수 イ(人) 훈 なに/なん 음 カ	何何何何何何何

- 何 무엇 (なに)
- 何時 몇 시 (なんじ)
- 幾何学 기하학 (きかがく)

この中に何が入っていますか。 이 속에 무엇이 들어 있습니까?

今は何時ですか。 지금은 몇 시입니까?

幾何学で図形を作ります。 기하학으로 도형을 만듭니다.

229 (김)기 汽 N1	획수 7 부수 氵(水) 훈 ― 음 キ	汽汽汽汽汽汽汽

- 汽車 기차 (きしゃ)
- 汽船 기선 (きせん)

線路の上を汽車が走ります。 선로 위를 기차가 달립니다.

日本で汽船はあまり見えません。 일본에서 기선은 별로 안 보입니다.

230 (활)궁 弓 N1	획수 3 부수 弓 훈 ゆみ 음 キュウ	弓弓弓

- 弓 활 (ゆみ)
- 弓道 궁도 (きゅうどう)

私はほぼ毎日弓を引いています。 저는 거의 매일 활을 쏘고 있습니다.

弓道が強い大学はどこですか。 궁도가 강한 대학은 어디입니까?

231 (으뜸)원	획수 4 부수 ル	元 元 元 元
元 N4	훈 もと 음 ゲン/ガン	

- 元 처음, 본디 もと
- 元気だ 건강하다 げんき
- 元日 1월 1일 がんじつ

やっと元の体重に戻りました。겨우 원래 체중으로 되돌아갔습니다.

お父さんはお元気ですか。아버님은 건강하십니까?

元日から飲み続けました。1월 1일부터 계속 마셨습니다.

232 (재주)재	획수 3 부수 扌	オ オ オ
才 N4	훈 ― 음 サイ	

- 天才 천재 てんさい
- 才能 재능 さいのう

子どもは遊びの天才です。어린이는 놀이의 천재입니다.

あなたには音楽の才能があります。당신에게는 음악의 재능이 있습니다.

233 (화살)시	획수 5 부수 矢	矢 矢 矢 矢 矢
矢 N1	훈 や 음 シ	

- 矢 화살 や
- 矢印 화살표 やじるし
- 一矢 화살 한 개 いっし

力いっぱい矢を放ちます。힘껏 화살을 쏩니다。

私は矢印の方向に進みました。나는 화살표 방향으로 나아갔습니다。

彼に一矢を報いてやりました。그에게 보복해 주었습니다。➡ 一矢を報いる 반격하다

234 (종이)지	획수 10 부수 糸	紙 紙 紙 紙 紙 紙 紙 紙 紙 紙
紙 N4	훈 かみ 음 シ	

- 紙 종이 かみ
- ! 手紙 편지 てがみ
- 白紙 백지 はくし

それは紙ですか。그것은 종이입니까?

これは私の手紙ではありません。이것은 제 편지가 아닙니다。

白紙を一枚ください。백지를 한 장 주세요。

235 (스스로)자	획수 6 부수 自	自 自 自 自 自 自
自 N4	훈 みずから 음 ジ/シ	

• 自ら 스스로 • 自分 자기 자신, 저 • 自然 자연	自ら考え、行動します。 스스로 생각하고 행동합니다. このケーキは自分で作りました。 이 케이크는 제가 만들었습니다. やっぱり自然はいいですね。 역시 자연은 좋네요.

236 (배)선	획수 11 부수 舟	船 船 船 船 船 船 船 船 船 船
船 N4	훈 ふね/ふな 음 セン	

• 船 배 • 船便 배편 • 船長 선장	来月、船で日本へ行きます。 다음 달 배로 일본에 갑니다. これを船便で送ってください。 이것을 배편으로 보내 주세요. 今はだれが船長ですか。 지금은 누가 선장입니까?

237 (번개)전	획수 13 부수 雨	電 電 電 電 電 電 電 電 電 電 電 電 電
電 N5	훈 — 음 デン	

• 電車 전차, 전철 • 電話 전화	電車で家へ帰ります。 전철로 집에 돌아갑니다. また電話します。 또 전화하겠습니다.

238 (칼)도	획수 2 부수 刀	刀 刀
刀 N1	훈 かたな 음 トウ	

• 刀 칼 • 日本刀 일본도	新聞紙で刀を作って遊びました。 신문지로 칼을 만들어서 놀았습니다. 今、日本刀が人気ですね。 지금 일본도가 인기군요.

239 (일만)만	획수 3 부수 一	万 万 万
万 N5 萬	훈 ㅡ 음 マン/バン	

- 万年筆 만년필
- 万国 만국

その万年筆は一万円です。 그 만년필은 만 엔입니다.

それは万国共通の問題です。 그것은 만국 공통의 문제입니다.

240 (벗)우	획수 4 부수 又	友 友 友 友
友 N5	훈 とも 음 ユウ	

- 友達 친구, 친구들
- 親友 친우, 절친

友達とドッジボールをしました。 친구들과 피구를 했습니다.

私の親友は市川くんです。 나의 절친은 이치카와 군입니다.

I. 밑줄 친 부분의 한자 읽기를 히라가나로 쓰시오.

1 北海道で 汽車を 見ました。　　2 昨日 何を しましたか。

3 僕の 父は 船長です。　　4 私は 去年 友達と 日本へ 来ました。

5 元の 所に 仕舞います。　　6 千本の 矢を 放ちます。

7 母と いっしょに 船に 乗って 南の 島へ 向かいます。

8 中村さんは 2年前から 弓道を 習って います。

9 日本人は 電車の 中で よく 本を 読みますね。

10 子どもたちは みんな 自分の 部屋を 持って います。

11 彼の 才能は 文学よりも 数学の 方に ありました。

12 上野で 日本刀の 形を した 傘を 買いました。

13 父は 手紙を 書く ときは いつも 万年筆を 使います。

낱말과표현

仕舞う 치우다, 간수하다 | **放つ** 풀어주다, 쏘다 | **島** 섬 | **向かう** 향하다 | **習う** 배우다 | **傘** 우산 | **使う** 사용하다

Ⅱ. 다음 □ 안에 꼭 들어맞는 한자를 쓰시오.

1 青森行きの □車

2 □で 日本へ 来ました。

3 お姉さんは お□気ですか。

4 父は ゲームの 天□です。

5 □を 買いましたか。

6 彼は □の 名手です。

7 □日には、多くの 人々が お寺を 訪れます。

8 親切な □長さんが 薬を くれました。

9 □分の ペースで 次々と □を 放ちます。

10 私には 親も 兄弟も □達も いません。

11 新聞□を 丸めて 作った □で チャンバラを しました。

12 フランスでは 小学校1年生から □年筆を 使います。

13 よろしければ、今晩9時ごろ □話を ください。

I. 밑줄 친 부분의 한자 읽기를 히라가나로 쓰시오.

1 新聞紙を 広げます。

2 今週は 休みなし。

3 体力が 弱いです。

4 丈夫な 体を 作ります。

5 午前8時です。

6 前を よく 見ます。

7 きのう 駅の 売店で ガムを 買いました。

8 私の 兄弟は みんな 頭の 形が 悪いです。

9 ハワイの 海や 空は 本当に 綺麗な 色を して 美しいですね。

10 京都には 古い お寺が たくさん あります。

11 高原には とても 強い 風が 吹いて いました。

12 今の アパートは 交番が 近くに あるので、心強いです。

13 私の 好きな 教科は 図画工作です。算数は 嫌いです。

II. 다음 ☐ 안에 꼭 들어맞는 한자를 써 넣으시오.

1 ☐ 所の 人々
<small>きん じょ ひとびと</small>

2 ☐ 休みの ☐☐
<small>ふゆ やす けい かく</small>

3 トイレの 水が ☐ まらない。
<small>みず と</small>

4 ☐ しい 友人
<small>した ゆうじん</small>

5 ☐☐ に 出かけます。
<small>の はら で</small>

6 プールに ☐ きます。
<small>い</small>

7 ☐ 達の ☐ は ☐ く、☐ は ☐ いです。
<small>とも だち かお まる くび なが</small>

8 彼女は ほんとうに 綺麗な ☐ で ☐ いますね。
<small>かのじょ きれい こえ うた</small>

9 教 ☐ の 窓がわは、☐ が よく 入って、温度も ☐ いです。
<small>きょう しつ まど ひかり はい おんど たか</small>

10 ☐☐ い ☐ 車が ☐ ります。
<small>き いろ でん しゃ とお</small>

11 まず、☐ を 四 ☐ に ☐ って ください。
<small>かみ かく き</small>

12 私は ☐ 日 ピアノを 1 ☐☐☐ 練習します。
<small>わたし まい にち じ かん はん れんしゅう</small>

13 僕は 将来、☐ 本を ☐ る 人に なりたいと ☐ えて います。
<small>ぼく しょうらい え ほん つく ひと かんが</small>

III. 다음에 제시한 어휘 그룹에 속하는 한자를 쓰시오 .

1 계절(季節)

2 방위(方角)

3 가족(家族)

4 동물(動物)

5 공부(勉強)

こく	ご		しゃ	かい		り	か
☐	☐		☐	☐		☐	☐

IV. 다음 단어와 뜻이 반대되는 한자를 ☐ 안에 쓰시오 .

1 学ぶ ↔ ☐ える   2 古い ↔ ☐ しい

3 午前 ↔ ☐☐   4 少ない ↔ ☐ い

5 内 ↔ ☐   6 近い ↔ ☐ い

7 行く ↔ ☐ る   8 細い ↔ ☐ い

9 雨 ↔ ☐ れ   10 強い ↔ ☐ い

PART 3

3학년
학습한자

3학년에서는 200자를 배워요!!

 한자 **미리보기**

問 題 筆 箱 漢 勉 委 員 係 級 童 具
章 詩 板 帳 練 習 研 究

241 (물을)문 問 N3	**획수** 11 **부수** 口 **훈** とう/とい/とん **음** モン	問 問 問 問 問 問 問 問 問 問 問

- 問う 묻다
- 問い 물음, 질문
- 問題 문제

私はあなたに問います。 저는 당신에게 묻습니다.
次の問いに答えなさい。 다음 물음에 답하세요.
この問題は難しいです。 이 문제는 어렵습니다.

242 (제목)제 題 N3	**획수** 18 **부수** 頁 **훈** ― **음** ダイ	題 題 題 題 題 題 題 題 題 題 題 題 題 題 題 題 題 題

- 題 표제, 제목
- 題名 제명, 제목

作文の題を考えます。 작문의 제목을 생각합니다.
本の題名は何ですか。 책 제목은 무엇입니까?

243 (붓)필 筆 N3	**획수** 12 **부수** 竹 **훈** ふで **음** ヒツ	筆 筆 筆 筆 筆 筆 筆 筆 筆 筆 筆 筆

- 筆 붓
- 筆箱 필통
- ! 筆者 필자

筆で字を書きます。 붓으로 글자를 씁니다.
その筆箱はとてもかわいかったです。 그 필통은 정말로 귀여웠습니다.
その本の筆者は誰ですか。 그 책의 필자는 누구입니까?

244 (상자)상 箱 N3	획수 15 부수 竹 훈 はこ 음 ―	箱 箱 箱 箱 箱 箱 箱 箱 箱 箱 箱 箱 箱 箱 箱

はこ
• 箱 상자

ほんばこ
! 本箱 책장

箱には何も入っていません。상자에는 아무것도 들어 있지 않습니다.

これは僕が作った本箱です。이것은 내가 만든 책장입니다.

245 (한수)한 漢 N3 漢	획수 13 부수 氵(水) 훈 ― 음 カン	漢 漢 漢 漢 漢 漢 漢 漢 漢 漢 漢 漢 漢

かんじ
• 漢字 한자

かんぶん
• 漢文 한문

漢字の読み方を調べます。한자 읽는 법을 조사합니다.

趣味で漢文を勉強しています。취미로 한문을 공부하고 있습니다.

246 (힘쓸)면 勉 N3 勉	획수 10 부수 力 훈 ― 음 ベン	勉 勉 勉 勉 勉 勉 勉 勉 勉 勉

べんきょう
• 勉強 공부

べんがく
• 勉学 면학

今晩勉強しますか。오늘 밤 공부합니까?

子ども達は勉学に励んでいます。아이들은 면학에 힘쓰고 있습니다.

247 (맡길)위 委 N3	획수 8 부수 女 훈 ゆだねる 음 イ	委 委 委 委 委 委 委 委

ゆだ
• 委ねる 위임하다

いいん
• 委員 위원

ラストは読者の想像に委ねます。라스트는 독자의 상상에 맡깁니다.

クラス委員はだれですか。학급 위원은 누구입니까?

248 (인원)원	획수 10 부수 口	員 員 員 員 員 員 員 員 員 員
員 N3	훈 ― 음 イン	

- 全員 전원
- 銀行員 은행원

今日はクラス全員が出席です。 오늘은 학급 전원이 출석입니다.

父は銀行員です。 아버지는 은행원입니다.

249 (맬)계	획수 9 부수 イ(人)	係 係 係 係 係 係 係 係 係
係 N3	훈 かかる/かかり 음 ケイ	

- 係る 관계되다
- 係 담당
- 関係 관계

それは人命に係ることです。 그것은 인명에 관계되는 일입니다.

図工の係を決めました。 미술 담당을 정했습니다.

二人はどんな関係ですか。 둘은 어떤 관계입니까?

250 (등급)급	획수 9 부수 糸	級 級 級 級 級 級 級 級 級
級 N3	훈 ― 음 キュウ	

- 学級 학급
- 級友 급우

私は学級委員になりました。 나는 학급 위원이 되었습니다.

彼らは私の級友です。 그들은 나의 급우입니다.

251 (아이)동	획수 12 부수 立	童 童 童 童 童 童 童 童 童 童 童 童
童 N3	훈 わらべ 음 ドウ	

- 童歌 전래 동요
- 童話 동화

祖母が童歌を教えてくれました。 할머니가 전래 동요를 가르쳐 주었습니다.

イソップ童話を読みます。 이솝 동화를 읽습니다.

252 (갖출)구	획수 8 부수 八	具 具 具 具 具 具 具 具
具 N3 具	훈 ― 음 グ	

- 絵の具 그림물감
- 家具 가구

家にはたくさんの絵の具があります。 집에는 많은 그림물감이 있습니다.
家には家具が多いです。 집에는 가구가 많습니다.

253 (글)장	획수 11 부수 立	章 章 章 章 章 章 章 章 章 章 章
章 N3	훈 ― 음 ショウ	

- 文章 문장
- 第〜章 제 〜장

彼の文章はかたいです。 그의 문장은 딱딱합니다.
この曲の第3章が一番好きです。 이 곡의 제 3장을 가장 좋아합니다.

254 (시)시	획수 13 부수 言	詩 詩 詩 詩 詩 詩 詩 詩 詩 詩 詩 詩 詩
詩 N1	훈 ― 음 シ	

- 詩 시
- 詩人 시인

詩を書くことは楽しいですね。 시를 쓰는 것은 즐겁군요.
彼は詩人ではなく小説家です。 그는 시인이 아니라 소설가입니다.

255 (널/널빤지)판	획수 8 부수 木	板 板 板 板 板 板 板 板
板 N3	훈 いた 음 ハン/バン	

- 板 판자
- 合板 합판
- 黒板 칠판

木の板を削ります。 나무 판자를 깎습니다.
壁に合板をはります。 벽에 합판을 붙입니다.
黒板に絵をかきます。 칠판에 그림을 그립니다.

256 (장막/휘장)장	획수 11 부수 巾	帳帳帳帳帳帳帳帳帳帳 帳
帳 N1	훈 — 음 チョウ	

• 手帳 수첩
• 自由帳 연습장

手帳を落としてしまいました。수첩을 떨어뜨려 버렸습니다.

自由帳に漫画をかきます。연습장에 만화를 그립니다.

257 (익힐)련/연	획수 14 부수 糸	練練練練練練練練練練 練練練練
練 N3 練	훈 ねる 음 レン	

• 練る 다듬다
• 練習 연습

何度も文章を練りました。몇 번이나 문장을 다듬었습니다.

今日から跳び箱の練習をします。오늘부터 뜀틀 연습을 합니다.

258 (익힐)습	획수 11 부수 羽(羽)	習習習習習習習習習習 習
習 N3 習	훈 ならう 음 シュウ	

• 習う 배우다
• 風習 풍습

だれに日本語を習いましたか。누구에게 일본어를 배웠습니까?

その風習は日本人にはないです。그 풍습은 일본인에게는 없습니다.

259 (갈)연	획수 9 부수 石	研研研研研研研研研
研 N3 研	훈 とぐ 음 ケン	

• 研ぐ 갈다
• 研究 연구

刀を研ぎます。칼을 갑니다.

妹は水の研究をしています。여동생은 물 연구를 하고 있습니다.

260 (연구할)구	획수 7 부수 穴	究 究 究 究 究 究 究

究

N3

훈 きわめる
음 キュウ

- 究める 궁구하다
- 究明する 규명하다

学校は真理を究める所です。 학교는 진리를 깊이 추구하는 곳입니다.
問題の真相を究明します。 문제의 진상을 규명합니다.

플러스 어휘 **문구류에 관한 어휘**

鉛筆 연필	道具箱 도구 상자
シャープペンシル 샤프 펜슬	ファイル 파일
ボールペン 볼펜	カッターナイフ 커터 나이프
サインペン 사인펜	はさみ 가위
蛍光ペン 형광펜	定規 자
色鉛筆 색연필	のり 풀
マジック 매직	ホチキス 스테이플러
消しゴム 지우개	ノート 노트
筆箱 필통	下敷き 책받침

I. 밑줄 친 부분의 한자 읽기를 히라가나로 쓰시오.

1 <u>問題</u>を 出^だします.

2 机^{つくえ}の 上^{うえ}に <u>筆箱</u>が あります.

3 <u>漢字</u>が 分^わかりません.

4 彼^{かれ}とは 何^{なん}の <u>関</u>係^{かん}も ないです.

5 予定^{よてい}の 書^かいて ある <u>手帳</u>

6 あの 人^{ひと}は 有名^{ゆうめい}な <u>詩人</u>です.

7 僕^{ぼく}は 4年生^{ねんせい}の 3学期^{がっき}から クラスで <u>学級委員</u>を やって います.

8 山田^{やまだ}さんの お父^{とう}さんは 大学^{だいがく}で 都市^{とし}の <u>研究</u>を して います.

9 あなたは いつ ピアノの <u>練習</u>を しますか.

10 明日^{あした} テストが あるので、今日^{きょう}は <u>勉強</u>しなければ なりません.

11 日本語^{にほんご}の 先生^{せんせい}は <u>黒板</u>に カタカナを 書^かきました.

12 毎晩^{まいばん} 子供^{こども}が 寝^ねる ときに、<u>童話</u>を 読^よみ 聞^きかせます.

13 来週^{らいしゅう}の 土曜日^{どようび}は 主人^{しゅじん}と いっしょに <u>家具</u>を 買^かいに 行^いく 予定^{よてい}です.

낱말과 표현

予定^{よてい} 예정 | **学期**^{がっき} 학기 | **やる** 하다 | **都市**^{とし} 도시 | **〜なければ なりません** 〜하지 않으면 안 됩니다 | **毎晩**^{まいばん} 매일 밤 | **寝る**^ね 자다 | **読み聞かせる**^{よ き} 읽어 주다 | **主人**^{しゅじん} 주인, 남편

II. 다음 □ 안에 꼭 들어맞는 한자를 쓰시오.

1 [はこ] の 中_{なか}に 人形_{にんぎょう}を 入_いれます。

2 [かか] りの 人_{ひと}は 親切_{しんせつ}です。

3 大_{おお}きな [ふで] が ほしいです。

4 自分_{じぶん}で [べん] 強_{きょう}します。

5 李_イさんは クラス [い][いん] です。

6 長_{なが}い 文_{ぶん} [しょう] を 書_かきます。

7 その 本_{ほん}は 中村先生_{なかむらせんせい}の [けん][きゅう] 室_{しつ}で 見_みた ことが あります。

8 [かん] 字_じは 何回_{なんかい}も 書_かいたり 読_よんだり して 覚_{おぼ}えましょう。

9 海外_{かいがい}から いろいろな 絵_えの [ぐ] を 輸入_{ゆにゅう}して います。

10 黒_{こく} [ばん] に いろいろな カタカナを 書_かく [れん][しゅう] を しました。

11 私_{わたし}は 日本_{にほん}の 古_{ふる}い 風_{ふう} [しゅう] も 美_{うつく}しいと 思_{おも}いました。

12 漢_{かん} [じ] を 作_{つく}る ことは だれに とっても 簡単_{かんたん}な ことでは ありません。

13 この 前_{まえ}、国語_{こくご}の [もん][だい] 集_{しゅう}と 自由_{じゆう} [ちょう] を 買_かいました。

낱말과표현

人形_{にんぎょう} 인형 | 自分_{じぶん}で 스스로 | ~たり ~たりする ~하거나 ~하거나 하다 | 覚_{おぼ}える 기억하다, 익히다 | 輸入_{ゆにゅう} 수입 |
~に とっても ~에게나 | 簡単_{かんたん}だ 간단하다 | この前_{まえ} 요전에

UNIT 02 건물과 지리

한자 미리보기

役 所 住 柱 階 庫 旅 館 宿 屋 世 界
列 島 央 州 都 県 丁 区

261 (부릴)역 役 N3	획수 7 부수 彳 훈 — 음 ヤク/エキ	役 役 役 役 役 役 役
• 役に立つ 유용하다 • 区役所 구청 • 現役 현역	馬は役に立つ動物です。 말은 유용한 동물입니다. 昨日区役所へ行きました。 어제 구청에 갔습니다. 父はまだ現役です。 아버지는 아직 현역입니다.	

262 (바)소 所 N3 所	획수 8 부수 戸(戶) 훈 ところ 음 ショ	所 所 所 所 所 所 所 所
• 所 장소, 곳 • 名所 명소	どんな所へ行きたいですか。 어떤 곳에 가고 싶어요? ソウルには名所がたくさんあります。 서울에는 명소가 많이 있습니다.	

263 (살)주 住 N3	획수 7 부수 亻(人) 훈 すむ/すまう 음 ジュウ	住 住 住 住 住 住 住
• 住む 살다 • 住まい 사는 곳 • 住所 주소	日本のどこに住んでいますか。 일본의 어디에 살고 있습니까? あなたのお住まいは何区ですか。 당신 사는 곳은 무슨 구입니까? ここに住所を書いてください。 여기에 주소를 써 주세요.	

140

264 (기둥)주

柱

N3

획수 9　**부수** 木

훈 はしら
음 チュウ

柱 柱 柱 柱 柱 柱 柱 柱 柱

- 柱^{はしら} 기둥
- ! 大黒柱^{だいこくばしら} 중심 기둥
- 電柱^{でんちゅう} 전신주

家^{いえ}の柱がかたむきました。집 기둥이 기울었습니다.

父^{ちち}は我^わが家^やの大黒柱です。아버지는 우리 집의 기둥입니다.

電柱が台風^{たいふう}でたおれました。전신주가 태풍으로 쓰러졌습니다.

---

265 (섬돌/층계)계

階

N3

획수 12　**부수** ß(阜)

훈 ―
음 カイ

階 階 階 階 階 階 階 階 階 階 階 階

- ～階^{かい} ～층
- 階級^{かいきゅう} 계급

外科^{げか}は2階です。외과는 2층입니다.

彼^{かれ}は階級が一^{ひと}つ上^あがりました。그는 계급이 하나 올랐습니다.

---

266 (곳집)고

庫

N3

획수 10　**부수** 广

훈 ―
음 コ/ク

庫 庫 庫 庫 庫 庫 庫 庫 庫 庫

- 金庫^{きんこ} 금고
- 書庫^{しょこ} 서고
- 庫裏^{くり} 사찰의 부엌

お金^{かね}を金庫に入^いれます。돈을 금고에 넣습니다.

書庫の本^{ほん}も借^かりられますか。서고의 책도 빌릴 수 있습니까?

庫裏とは、寺院^{じいん}の台所^{だいどころ}のことです。고리(庫裏)란 절의 부엌을 말합니다.

---

267 (나그네)려/여

旅

N3

旅

획수 10　**부수** 方

훈 たび
음 リョ

旅 旅 旅 旅 旅 旅 旅 旅 旅 旅

- 旅^{たび} 여행
- 一人旅^{ひとりたび} 홀로 여행
- 旅行^{りょこう} 여행

かわいい子^こには旅をさせよ。귀여운 자식에게는 여행을 시켜라.

一人旅もやってみたいです。홀로 여행도 해 보고 싶어요.

旅行は楽^{たの}しかったですか。여행은 즐거웠습니까?

268 (집)관	획수 16 부수 食(食)	館館館館館館館館館館 館館館館館館
館 館 N3	훈 やかた 음 カン	(빈칸)

• 館 저택 • 旅館 여관	森の中に不思議な館がありました。 숲 속에 이상한 저택이 있었습니다. 名古屋では旅館に泊まりました。 나고야에서는 여관에 묵었습니다.

269 (잘)숙	획수 11 부수 宀	宿宿宿宿宿宿宿宿宿宿 宿
宿 N3	훈 やど/やどる/やどす 음 シュク	(빈칸)

• 宿 집, 숙소 • 宿る 묵다, 깃들다 • 宿題 숙제	予定より早く宿に着きました。 예정보다 빨리 숙소에 도착했습니다. 言葉には魂が宿っています。 말에는 혼이 깃들어 있습니다. 今日は宿題がないです。 오늘은 숙제가 없습니다.

270 (집)옥	획수 9 부수 尸	屋屋屋屋屋屋屋屋屋
屋 N3	훈 や 음 オク	(빈칸)

• 八百屋 채소 가게 • 屋上 옥상	この近くに八百屋はありませんか。 이 근처에 채소 가게는 없습니까? デパートの屋上は遊園地です。 백화점 옥상은 유원지입니다.

271 (대/인간)세	획수 5 부수 一	世世世世世
世 N3	훈 よ 음 セイ/セ	(빈칸)

• 世の中 세상 • ～世紀 ～세기 • 世話 신세, 보살핌	便利な世の中になりました。 편리한 세상이 되었습니다. この絵は17世紀のものです。 이 그림은 17세기 것입니다. 先日はお世話になりました。 요전에는 신세를 졌습니다.

272 (지경)계	획수 9 부수 田	界 界 界 界 界 界 界 界 界
界 N3	훈 ― 음 カイ	

- せかい
 世界 세계
- げんかい
 限界 한계

かがく けんきゅう
 科学の世界の研究をします。 과학 세계의 연구를 합니다.

じぶん げんかい し
 自分の限界を知っています。 자신의 한계를 알고 있습니다.

273 (벌일)렬/열	획수 6 부수 刂	列 列 列 列 列 列
列 N3	훈 ― 음 レツ	

- れつ
 ～列 ～줄(열)
- ! れっしゃ
 列車 열차
- ぎょうれつ
 行列 행렬

いち れつ なら
 一列に並びます。 한 줄로 늘어섭니다.

やこう れっしゃ きょうと い
 夜行列車で京都へ行きました。 야행 열차로 교토에 갔습니다.

なが
 そこにも長い行列がありました。 거기에도 긴 행렬이 있었습니다.

274 (섬)도	획수 10 부수 山	島 島 島 島 島 島 島 島 島 島
島 N3	훈 しま 음 トウ	

- しま
 島 섬
- しまぐに
 島国 섬나라
- れっとう
 列島 열도

む み
 向こうに島が見えます。 건너편에 섬이 보입니다.

にほん おな しまぐに
 イギリスは日本と同じ島国です。 영국은 일본과 같은 섬나라입니다.

にほん なんぼく なが
 日本列島は南北に長いです。 일본 열도는 남북으로 깁니다.

275 (가운데)앙	획수 5 부수 大	央 央 央 央 央
央 N3	훈 ― 음 オウ	

- ちゅうおう
 中央 중앙
- ちゅうおう
 中央アジア
 중앙아시아

とうきょう にほん
 東京は日本のほぼ中央にあります。 도쿄는 일본의 거의 중앙에 있습니다.

りょうり す
 中央アジアの料理が好きです。 중앙아시아 요리를 좋아합니다.

276 (고을)주	획수 6 부수 川(巛)	州 州 州 州 州 州
州 N3	훈 す 음 シュウ	

• 州 주, 모래섬	河口に州ができます。 하구에 모래섬이 생깁니다.
• 三角州 삼각주	このような地形が三角州です。 이와 같은 지형이 삼각주입니다.
• 九州 규슈	二月に九州へ旅行に行きます。 2월에 규슈에 여행을 갑니다.

277 (도읍)도	획수 11 부수 阝(邑)	都 都 都 都 都 者 者 者 者 都 都
都 N3 都	훈 みやこ 음 ト/ツ	

• 都 수도, 도읍지	奈良も古い都です。 나라도 옛 도읍지입니다.
• 都市 도시	東京は大きな都市です。 도쿄는 큰 도시입니다.
• 都合 형편, 사정	今日は都合が悪いです。 오늘은 사정이 안 좋습니다.

278 (고을)현	획수 9 부수 目	県 県 県 県 県 県 県 県 県
県 N3 縣	훈 ― 음 ケン	

• 県 현(행정 구획의 하나)	一番住みやすい県はどこですか。 가장 살기 좋은 현은 어디입니까?
• 県立 현립	彼は県立の中学校に通っています。 그는 현립 중학교에 다니고 있습니다.

279 (넷째 천간)정	획수 2 부수 ―	丁 丁
丁 N1	훈 ― 음 チョウ/テイ	

• ~丁目 町를 세분한 단위	そのホテルは新宿3丁目に近いです。 그 호텔은 신주쿠 3가(丁目)에 가깝습니다.
• 包丁 부엌칼	彼女は包丁で肉を切りました。 그녀는 부엌칼로 고기를 잘랐습니다.
• 丁寧だ 정중하다	あなたの日本語は丁寧です。 당신의 일본어는 정중합니다.

144

280 (구분할)구	획수 4 부수 匚	区 区 区 区
区 N3 㕓	훈 ― 음 ク	

- 区 구
- 区役所 구청

東京都に、区はいくつありますか。 도쿄도에 구(区)는 몇 개 있습니까?

図書館は区役所の隣にあります。 도서관은 구청 옆에 있습니다.

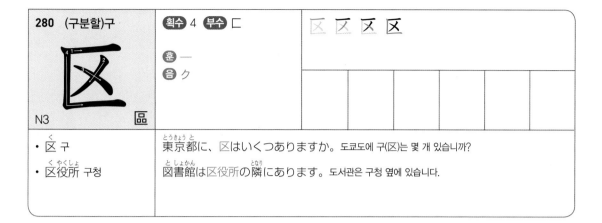

I. 밑줄 친 부분의 한자 읽기를 히라가나로 쓰시오.

1 <ruby>九州<rt>おおあめ</rt></ruby>は 大雨です。

2 お住まいは どちらですか。

3 あの 八百屋は 安いです。

4 そこは 城で 有名な 都市です。

5 森先生の 研究室は 5階です。

6 金庫から お金を 出します。

7 市川さんの お母さんは、県立の 図書館で 働いて います。

8 木村さんは この 本は とても 役に 立つと 言いました。

9 去年 山形に 行った とき、旅館に 泊まりました。

10 この ところ セラミック 包丁の 人気が 高まって きて います。

11 北海道は 日本で いちばん 北に ある 島です。

12 彼らは 11時 30分の 列車に 乗る つもりです。

13 この 町で 曲がった 電柱を 一本 発見しました。

낱말과표현

<ruby>大雨<rt>おおあめ</rt></ruby> 큰비, 호우 | <ruby>城<rt>しろ</rt></ruby> 성 | <ruby>働<rt>はたら</rt></ruby>く 일하다 | <ruby>泊<rt>と</rt></ruby>まる 묵다, 숙박하다 | **この ところ** 요즘 | **セラミック** 세라믹 |
<ruby>高<rt>たか</rt></ruby>まる 높아지다 | <ruby>曲<rt>ま</rt></ruby>がる 구부러지다 | <ruby>発見<rt>はっけん</rt></ruby>する 발견하다

II. 다음 □ 안에 꼭 들어맞는 한자를 쓰시오.

1 やっと □(やど) に 着(つ)きました。　2 行(ぎょう) □(れつ) を 作(つく)って 歩(ある)きます。

3 松島(まつしま)は どんな □(ところ) ですか。　4 車(くるま)が 電(でん) □(ちゅう) に ぶつかりました。

5 中(ちゅう) □(おう) 市場(いちば)へ 出(で)かけます。　6 いつ □(つ) 合(ごう)が いいですか。

7 昔(むかし)、デパートの □(おく) 上(じょう)には ミニ遊園地(ゆうえんち)が ありました。

8 日本(にほん)には 1 □(と) 1道 2府(ふ) 43 □(けん) が あります。

9 私(わたし)は 通勤(つうきん)の ために、23 □(く) 内(ない)に マンションを 持(も)ちたいです。

10 息子(むすこ)は ロンドンに、娘(むすめ)は 東京(とうきょう)に □(す) んで います。

11 この 大学(だいがく)の 学生(がくせい)は ほぼ 中産(ちゅうさん) □(かい) 級(きゅう)の 出身(しゅっしん)です。

12 ホテルと □□(りょかん) と 民宿(みんしゅく)は、どんな 違(ちが)いが あるのでしょうか。

13 □□(せかい) で 一番(いちばん) 大(おお)きい 国(こく)は どこですか。

낱말과표현

着(つ)く 도착하다 | ぶつかる 부딪치다 | ミニ遊園地(ゆうえんち) 미니 유원지 | 通勤(つうきん) 통근 | マンション 맨션 | 息子(むすこ) 아들 | 娘(むすめ) 딸 |
中産(ちゅうさん) 중산 | 出身(しゅっしん) 출신 | 民宿(みんしゅく) 민박

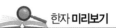

한자 **미리보기**

昭 和 代 昔 様 式 神 宮 祭 礼 反 対
勝 負 重 軽 始 終

---

281 (밝을)소

昭

N1

획수 9 **부수** 日

훈 —
음 ショウ

昭 昭 昭 昭 昭 昭 昭 昭 昭

- 昭和 쇼와 천왕 때의 연호
- 昭和時代 쇼와 시대

私は昭和生まれです。 나는 쇼와 태생입니다.

昭和時代にせんそうがありました。 쇼와 시대에 전쟁이 있었습니다.

---

282 (화할)화

和

N3

획수 8 **부수** 口

훈 やわらぐ/やわらげる
なごむ/なごやか
음 ワ/オ

和 和 和 和 和 和 和 和

- 和らぐ 풀리다
- 和む 온화해지다
- 和室 일본식 방

悲しみも少しは和らぎました。 슬픔도 조금은 누그러졌습니다.

きれいな花を見て心が和みました。 예쁜 꽃을 보고 마음이 온화해졌습니다.

家族4人で和室に泊まりました。 가족 4명이서 일본식 방에 머물렀습니다.

---

283 (대신할)대

代

N3

획수 5 **부수** イ(人)

훈 かわる/かえる
よ/しろ
음 ダイ/タイ

代 代 代 代 代

- 代わる 대신하다
- 代理 대리
- 交代する 교대하다

私が代わりましょう。 제가 대신 하겠습니다.

兄の代理で私が来ました。 형 대리로 제가 왔습니다.

6時に村山さんと交代します。 6시에 무라야마 씨와 교대합니다.

---

284 (예)석	획수 8 부수 日	昔 昔 昔 昔 昔 昔 昔 昔
昔 N3	훈 むかし 음 セキ/シャク	

- 昔 옛날
- 昔日 옛날
- ! 今昔の感 금석지감

それはかなり昔のことです。 그것은 꽤 옛날 일입니다.

彼女には、昔日の面影がないです。 그녀에게는 옛날의 모습이 없습니다.

今昔の感がある写真です。 금석지감이 있는 사진입니다.

285 (모양)양	획수 14 부수 木	様 様 様 様 様 様 様 様 様 様 様 様 様 様
様 N3 様	훈 さま 음 ヨウ	

- ～様 분, 님
- 様子 상황, 형편

森さんのお子様はおいくつですか。 모리 씨의 자녀분은 몇 살입니까?

お父さんの様子はいかがですか。 아버님의 상황은 어떠십니까?

286 (법)식	획수 6 부수 弋	式 式 式 式 式 式
式 N3	훈 ― 음 シキ	

- 形式 형식
- 入学式 입학식

朝食はバイキング形式です。 아침 식사는 뷔페 형식입니다.

明日は妹の入学式です。 내일은 여동생의 입학식입니다.

287 (귀신)신	획수 9 부수 ネ(示)	神 神 神 神 神 神 神 神 神
神 N3 神	훈 かみ/かん/こう 음 シン/ジン	

- 神様 귀신, 하느님
- 神話 신화
- 神社 신사

トイレの神様は本当にいますか。 화장실 귀신은 정말로 있습니까?

神話の研究は面白いです。 신화의 연구는 재미있습니다.

昨日、神社へ行きました。 어제 신사에 갔습니다.

288 (집)궁	획수 10 부수 宀	宮宮宮宮宮宮宮宮宮宮
宮 N1	훈 みや 음 キュウ/グウ/ク	

• お宮 신사의 높임말 • 王宮 왕궁 • 神宮 신궁	お宮でクリスマス会をしました。 신사에서 크리스마스 모임을 했습니다. 王宮の中も見ることができますか。 왕궁 안도 볼 수 있습니까? 明治神宮は原宿にあります。 메이지 신궁은 하라주쿠에 있습니다.

289 (제사)제	획수 11 부수 示	祭祭祭祭祭祭祭祭祭祭 祭
祭 N3	훈 まつる/まつり 음 サイ	

• 祭る 제사 지내다 • 祭り 제사, 축제 • 祭日 제일, 제삿날	神社には神が祭られています。 신사에는 신이 모셔져 있습니다. 神社の森でお祭りをします。 신사의 숲에서 축제를 합니다. 祭日が日曜日と重なります。 제삿날이 일요일과 겹칩니다.

290 (예도)례/예	획수 5 부수 ネ(示)	礼礼礼礼礼
礼 N3 禮	훈 ― 음 レイ/ライ	

• お礼 예의, 인사 • 祭礼 제례 • 礼賛 예찬	森さんにお礼の電話をしました。 모리 씨에게 감사의 전화를 했습니다. 今週末は浅草神社の祭礼です。 이번 주말은 아사쿠사 신사의 제례입니다. それは韓国文化を礼賛した本です。 그것은 한국 문화를 예찬한 책입니다.

291 (돌이킬/반대할)반	획수 4 부수 又	反反反反
反 N3	훈 そる/そらす 음 ハン/ホン/タン	

• 反る 휘다 • 反らす 휘게 하다 • 反発する 반발하다	足の親指が反ると痛いです。 엄지발가락이 휘면 아픕니다. 手首を反らすと痛いです。 손목을 젖히면 아픕니다. 彼はその意見に反発しています。 그는 그 의견에 반발하고 있습니다.

292 (대답할/대할)대	획수 7 부수 寸	対 対 対 対 対 対 対
対 N3 對	훈 ― 음 タイ/ツイ	

- 反対<ruby>はんたい</ruby>する 반대하다 — 彼<ruby>かれ</ruby>の意見<ruby>いけん</ruby>に反対するつもりです。 그의 의견에 반대할 생각입니다.
- 一対<ruby>いっつい</ruby> 한 쌍 — 男女<ruby>だんじょ</ruby>一対の人形<ruby>にんぎょう</ruby>を買<ruby>か</ruby>いました。 남녀 한쌍의 인형을 샀습니다.

293 (이길)승	획수 12 부수 力	勝 勝 勝 勝 勝 勝 勝 勝 勝 勝 勝 勝
勝 N3 勝	훈 かつ/まさる 음 ショウ	

- 勝<ruby>か</ruby>つ 이기다 — あのチームに勝つのは難<ruby>むずか</ruby>しいです。 저 팀에 이기는 것은 어렵습니다.
- 勝<ruby>まさ</ruby>る 낫다 — この作文<ruby>さくぶん</ruby>は前<ruby>まえ</ruby>のに勝ります。 이 작문은 전 것보다 낫습니다.
- 勝者<ruby>しょうしゃ</ruby> 승자 — 彼<ruby>かれ</ruby>は勝者になりました。 그는 승자가 되었습니다.

294 (질)부	획수 9 부수 貝	負 負 負 負 負 負 負 負 負
負 N3	훈 まける/まかす/おう 음 フ	

- 負<ruby>ま</ruby>ける 지다 — サッカーでB組<ruby>くみ</ruby>が負けました。 축구에서 B조가 졌습니다.
- 負<ruby>お</ruby>う 업다, 지다, 입다 — この犬<ruby>いぬ</ruby>は傷<ruby>きず</ruby>を負っています。 이 개는 상처를 입었습니다.
- ! 勝負<ruby>しょうぶ</ruby> 승부 — 今日<ruby>きょう</ruby>の勝負は君<ruby>きみ</ruby>の勝<ruby>か</ruby>ちです。 오늘의 승부는 당신이 이겼습니다.

295 (무거울)중	획수 9 부수 里	重 重 重 重 重 重 重 重 重
重 N3	훈 え/おもい/かさねる かさなる 음 ジュウ/チョウ	

- 重<ruby>おも</ruby>い 무겁다 — このかばんは少<ruby>すこ</ruby>し重いです。 이 가방은 조금 무겁습니다.
- 重<ruby>かさ</ruby>ねる 겹치다 — 寒<ruby>さむ</ruby>い冬<ruby>ふゆ</ruby>は服<ruby>ふく</ruby>を重ねて着<ruby>き</ruby>ます。 추운 겨울에는 옷을 껴입습니다.
- 体重<ruby>たいじゅう</ruby> 체중 — 私<ruby>わたし</ruby>の体重は47キロです。 나의 체중은 47킬로입니다.

296 (가벼울)경	획수 12 부수 車	軽 軽 軽 軽 軽 軽 軽 軽 軽 軽 軽 軽
軽 N3 軽	훈 かるい/かろやか 음 ケイ	

- 軽い 가볍다
- 軽やかだ 경쾌하다
- 軽食 경식

私は毎朝軽い運動をします。 나는 매일 아침 가벼운 운동을 합니다.

彼は軽やかな足取りで教室を出ていきました。 그는 가벼운 발걸음으로 교실을 나갔습니다.

朝はサラダだけの軽食です。 아침은 샐러드뿐인 경식입니다.

297 (비로소)시	획수 8 부수 女	始 始 始 始 始 始 始 始
始 N3	훈 はじめる/はじまる 음 シ	

- 始める 시작하다
- 始まる 시작되다
- 開始する 개시하다

今日からブログを始めました。 오늘부터 블로그를 시작했습니다.

学校は朝9時から始まります。 학교는 아침 9시부터 시작됩니다.

テストは10時から開始します。 테스트는 10시부터 개시합니다.

298 (마칠)종	획수 11 부수 糸	終 終 終 終 終 終 終 終 終 終
終 N3 終	훈 おわる/おえる 음 シュウ	

- 終わる 끝나다
- 終える 끝내다
- 終点 종점

夏休みが終わりました。 여름 방학이 끝났습니다.

もう宿題を終えましたか。 벌써 숙제를 끝냈습니까?

この電車は次の駅が終点です。 이 전철은 다음 역이 종점입니다.

I. 밑줄 친 부분의 한자 읽기를 히라가나로 쓰시오.

1 <ruby>体<rt>からだ</rt></ruby>が <u>軽</u>いです。　　2 <ruby>父<rt>ちち</rt></ruby>の <u>代</u>わりに <ruby>母<rt>はは</rt></ruby>が <ruby>行<rt>い</rt></ruby>きます。

3 いや、<ruby>私<rt>わたし</rt></ruby>は <u>反対</u>です。　　4 <u>勝負</u>は <ruby>時<rt>とき</rt></ruby>の <ruby>運<rt>うん</rt></ruby>です。

5 <u>昭和</u>に <ruby>流行<rt>りゅうこう</rt></ruby>した <ruby>歌<rt>うた</rt></ruby>です。　　6 <u>入学式</u>は <ruby>十時<rt>じゅうじ</rt></ruby>からです。

7 <u>昔</u>から <ruby>男性<rt>だんせい</rt></ruby>を <ruby>動<rt>うご</rt></ruby>かし、<ruby>世<rt>よ</rt></ruby>の<ruby>中<rt>なか</rt></ruby>を <ruby>動<rt>うご</rt></ruby>かして いるのは <ruby>女性<rt>じょせい</rt></ruby>なのです。

8 <ruby>今日<rt>きょう</rt></ruby>は <u>祭日</u>だから、<ruby>電車<rt>でんしゃ</rt></ruby>が <ruby>空<rt>す</rt></ruby>いて います。

9 <ruby>会社<rt>かいしゃ</rt></ruby>が <u>終</u>わって から、スポーツセンターに <ruby>通<rt>かよ</rt></ruby>って います。

10 いよいよ、<ruby>明日<rt>あした</rt></ruby>から 2ヶ<ruby>月間<rt>げつかん</rt></ruby>の <ruby>夏休<rt>なつやす</rt></ruby>みが <u>始</u>まります。

11 お<u>礼</u>が <ruby>遅<rt>おそ</rt></ruby>く なって しまい、たいへん <ruby>申<rt>もう</rt></ruby>し<ruby>訳<rt>わけ</rt></ruby>ないです。

12 なんだか <ruby>体<rt>からだ</rt></ruby>が <u>重</u>くて やる<ruby>気<rt>き</rt></ruby>が <ruby>出<rt>で</rt></ruby>ません。

13 <ruby>古来<rt>こらい</rt></ruby><ruby>日本<rt>にほん</rt></ruby>では トイレの <u>神</u>を <u>祭</u>る <ruby>風習<rt>ふうしゅう</rt></ruby>が あります。

<ruby>時<rt>とき</rt></ruby>の <ruby>運<rt>うん</rt></ruby> 그때의 운 | <ruby>流行<rt>りゅうこう</rt></ruby>する 유행하다 | <ruby>動<rt>うご</rt></ruby>かす 움직이다 | <ruby>空<rt>す</rt></ruby>く 속이 비다 | <ruby>通<rt>かよ</rt></ruby>う 다니다 | いよいよ 드디어 | <ruby>遅<rt>おそ</rt></ruby>い 늦다 | <ruby>申<rt>もう</rt></ruby>し<ruby>訳<rt>わけ</rt></ruby>ない 죄송하다 | やる<ruby>気<rt>き</rt></ruby>が <ruby>出<rt>で</rt></ruby>る ~할 마음이 생기다 | <ruby>古来<rt>こらい</rt></ruby> 예로부터 | <ruby>風習<rt>ふうしゅう</rt></ruby> 풍습

II. 다음 □ 안에 꼭 들어맞는 한자를 쓰시오 .

1 今から □りに 行きます 。
<small>いま</small> <small>まつ</small> <small>い</small>

2 その 意見に □□ です 。
<small>い けん</small> <small>はん</small> <small>たい</small>

3 私は □室が 好きです 。
<small>わたし</small> <small>わ</small> <small>しつ</small> <small>す</small>

4 あなたは □のままです 。
<small>むかし</small>

5 王□の 住む 王□ です 。
<small>おう</small> <small>さま</small> <small>す</small> <small>おう</small> <small>きゅう</small>

6 父の 期待が □いです 。
<small>ちち</small> <small>き たい</small> <small>おも</small>

7 この □くて 小さな かばんは 田中さんの ものです 。
<small>かる</small> <small>ちい</small> <small>た なか</small>

8 私は 今年の 3月から 中国語の 勉強を □めました 。
<small>わたし</small> <small>こ とし</small> <small>がつ</small> <small>ちゅうごく ご</small> <small>べんきょう</small> <small>はじ</small>

9 今日は 北海道大学の 入学 □ が あります 。
<small>きょう</small> <small>ほっかいどうだいがく</small> <small>にゅうがく</small> <small>しき</small>

10 あなたの 仕事は 大体 何時に □わりますか 。
<small>し ごと</small> <small>だいたい なん じ</small> <small>お</small>

11 ひばりさんは □□時□の 歌手として 有名です 。
<small>しょう わ</small> <small>じ</small> <small>だい</small> <small>か しゅ</small> <small>ゆうめい</small>

12 明治□□は とても 有名な 場所です 。
<small>めい じ</small> <small>じん</small> <small>ぐう</small> <small>ゆうめい</small> <small>ば しょ</small>

13 この □□、どちらが □つと 思いますか 。
<small>しょう ぶ</small> <small>か</small> <small>おも</small>

낱말과 표현

意見 의견 | ～のまま ～한 채로 | 期待 기대 | 小さな 작은 | 勉強 공부 | 仕事 일 | 大体 대체로 | 歌手 가수 |
場所 장소

한자 **미리보기**

商 品 荷 物 受 取 集 配 返 送 洋 服
皮 豆 酒 皿 笛 写 真

299 (장사)상	**획수** 11 **부수** 口	商商商商商商商商商商商
商 N3	**훈** あきなう **음** ショウ	

- 商い 장사, 상업
- 商売 장사, 직업

彼は自動車の商いを始めました。 그는 자동차 장사를 시작했습니다.

ご商売はいかがですか。 장사는 어떠십니까?

300 (물건)품	**획수** 9 **부수** 口	品 品 品 品 品 品 品 品 品
品 N3	**훈** しな **음** ヒン	

- 品物 물건
- 上品だ 고상하다

この店は安くて品物も多いです。 이 가게는 싸고 물건도 많습니다.

言葉づかいがとても上品です。 말씨가 매우 고상합니다.

301 (멜/짐)하	**획수** 10 **부수** ⁺⁺(艸)	荷荷荷荷荷荷荷荷荷荷
荷 N3 荷	**훈** に **음** カ	

- 荷台 짐받이
- 入荷する 입하하(되)다

トラックの荷台に人が乗っています。 트럭 짐칸에 사람이 타고 있습니다.

秋の新商品が入荷しました。 가을 신상품이 입하되었습니다.

302 (만물)물 物 N3	획수 8 부수 牛 훈 もの 음 ブツ/モツ	物 物 物 物 物 物 物 物

- 食べ物 음식물
- 見物する 구경하다
- 荷物 짐, 화물

大阪は食べ物がおいしいです。 오사카는 음식물이 맛있습니다.

ソウルは見物するところが多いです。 서울은 구경할 곳이 많습니다.

この荷物はドイツまでいくらですか。 이 짐은 독일까지 얼마입니까?

303 (받을)수 受 N3	획수 8 부수 又 훈 うける/うかる 음 ジュ	受 受 受 受 受 受 受 受

- 受ける 받다, 치르다
- ! 受付 접수처
- 受験生 수험생

学校でテストを受けます。 학교에서 시험을 봅니다.

受付はあちらです。 접수처는 저쪽입니다.

彼は今年、受験生です。 그는 금년에 수험생입니다.

304 (가질)취 取 N3	획수 8 부수 又 훈 とる 음 シュ	取 取 取 取 取 取 取 取

- 取る 집다, 들다
- 取材する 취재하다

ティッシュを取ってください。 화장지를 집어 주세요.

日本の食文化を取材しています。 일본 식문화를 취재하고 있습니다.

305 (모을)집 集 N3	획수 12 부수 隹 훈 あつまる/あつめる つどう 음 シュウ	集 集 集 集 集 集 集 集 集 集 集 集

- 集まる 모이다
- 集める 모으다
- 集中 집중

お正月に家族みんなが集まります。 설날에 가족 모두가 모입니다.

あなたは何か集めていますか。 당신은 뭔가 모으고 있습니까?

今は勉強に集中できません。 지금은 공부에 집중할 수 없습니다.

306 (나눌)배	획수 10 부수 酉	配 配 配 配 酉 酉 酉 配 配 配
配 N3	훈 くばる 음 ハイ	

• 配る 배부하다 ! 心配する 걱정하다	プリントを2枚ずつ配ります。 프린트를 2장씩 배부합니다. 何も心配することはないです。 아무것도 걱정할 것은 없습니다.

307 (돌이킬)반	획수 7 부수 辶(辵)	返 返 返 返 返 返 返
返 N3 返	훈 かえす/かえる 음 ヘン	

• 返す 돌려주다 • 返る 돌아가(오)다 • 返答 회답, 대답	図書館へ本を返しに行きます。 도서관에 책을 반납하러 갑니다. 年を取ると、子供に返ります。 나이를 먹으면 아이로 돌아갑니다. 今日中に返答をください。 오늘 중으로 대답을 주세요.

308 (보낼)송	획수 9 부수 辶(辵)	送 送 送 送 送 送 送 送 送
送 N3 送	훈 おくる 음 ソウ	

• 送る 보내다 • 送金 송금	今日、荷物をプサンに送りました。 오늘 짐을 부산에 보냈습니다. 昨日、国から送金がありました。 어제 고국에서 송금이 있었습니다.

309 (큰 바다)양	획수 9 부수 氵(水)	洋 洋 洋 洋 洋 洋 洋 洋 洋
洋 N3	훈 — 음 ヨウ	

• 洋式 양식 • 洋食 서양 요리 • 西洋人 서양인	私は洋式のホテルに泊まりたいです。 나는 양식 호텔에 묵고 싶습니다. 洋食は好きじゃありません。 양식은 좋아하지 않습니다. あの西洋人の国はどこですか。 저 서양인의 고국은 어디입니까?

310 (옷)복 服 N3	획수 8 부수 月 훈 — 음 フク	服 服 服 服 服 服 服 服

- ふく
服 옷
- ようふく
洋服 옷, 양복

これは母が作った服です。 이것은 엄마가 만든 옷입니다.

その洋服はどのくらいしましたか。 그 옷은 얼마쯤 했습니까?

311 (가죽)피 皮 N3	획수 5 부수 皮 훈 かわ 음 ヒ	皮 皮 皮 皮 皮

- かわ
皮 가죽, 껍질
- ! 毛皮 모피
- ひにく
皮肉 빈정거림

これは本物の皮のコートです。 이것은 진짜 가죽 코트입니다.

彼女は毛皮の服を着ています。 그녀는 모피 옷을 입고 있습니다.

彼はいつも私に皮肉を言います。 그는 언제나 나에게 비꼬아 말합니다.

312 (콩)두 豆 N1	획수 7 부수 豆 훈 まめ 음 トウ/ズ	豆 豆 豆 豆 豆 豆 豆

- まめ
豆 콩
- とうふ
豆腐 두부
- だいず
大豆 대두, 콩

私は豆ご飯が大好きです。 나는 콩밥을 매우 좋아합니다.

夕食に豆腐を食べました。 저녁 식사로 두부를 먹었습니다.

畑に大根と大豆を植えました。 밭에 무와 대두를 심었습니다.

313 (술)주 酒 N3	획수 10 부수 酉 훈 さけ/さか 음 シュ	酒 酒 酒 酒 酒 酒 酒 酒 酒 酒

- さけ
酒 술
- さかや
酒屋 술 가게
- ようしゅ
洋酒 양주, 서양 술

ワンさんはお酒が好きですか。 왕 씨는 술을 좋아합니까?

ビールは酒屋さんにあります。 맥주는 술 가게에 있습니다.

ワインは洋酒です。 와인은 서양 술입니다.

314 (그릇)명	획수 5 부수 皿	皿 皿 皿 皿 皿
皿 N3	훈 さら 음 ―	

• 皿 접시	小さな木のお皿を買いました。 작은 나무 접시를 샀습니다.
• 皿回し 접시 돌리기	皿回しの練習をしています。 접시 돌리기 연습을 하고 있습니다.

315 (피리)적	획수 11 부수 竹	笛 笛 笛 笛 笛 笛 笛 笛 笛 笛 笛
笛 N1	훈 ふえ 음 テキ	

• 笛 피리	男の子が笛を吹いています。 남자아이가 피리를 불고 있습니다.
! 口笛 휘파람	金田さんはよく口笛を吹きます。 가네다 씨는 자주 휘파람을 붑니다.
• 汽笛 기적	汽船が汽笛を鳴らします。 기선이 기적을 울립니다.

316 (베낄)사	획수 5 부수 冖	写 写 写 写 写
写 N3　　　寫	훈 うつす/うつる 음 シャ	

• 写す 베끼다, 박다	先生の書いた字を写しています。 선생님이 쓴 글자를 베끼고 있습니다.
• 写る 찍히다	このカメラは小さいのによく写ります。 이 카메라는 작은데 잘 찍힙니다.
• 写生 사생, 스케치	川へ写生に行きます。 강으로 사생하러 갑니다.

317 (참)진	획수 10 부수 目	真 真 真 真 真 真 真 真 真 真
真 N3　　　眞	훈 ま 음 シン	

• 真ん中 한가운데	家の真ん中にトイレがあります。 집 한가운데에 화장실이 있습니다.
• 真心 진심	彼は真心がないです。 그는 진심이 없습니다.
• 写真 사진	あなたは今日写真をとりますか。 당신은 오늘 사진을 찍겠습니까?

I. 밑줄 친 부분의 한자 읽기를 히라가나로 쓰시오.

1 先生の 字を 写します。

2 道の 真ん中を 歩きます。

3 日本語の テストを 受ける。

4 日本の 食べ物は おいしい。

5 和服は とても 高いです。

6 洋式 トイレは きらいです。

7 彼女は、上品に 彼女の ケーキを 少しずつ 食べました。

8 和食に 合う 小さな お皿が ほしいです。

9 彼女の 商売は うまく いくと 思います。

10 私は いろいろな 国の 人形を 集めて います。

11 昨日、アメリカに 留学中の 子供に お金を 送金しました。

12 毎週 電話しますから、あまり 心配しないで ください。

13 山田さんに お金を 返すのを 忘れて いました。

낱말과 표현

和食 일본 요리 | 合う 어울리다 | うまく いく 잘 되다 | いろいろな 갖가지의 | 人形 인형 | 留学中 유학 중 |
忘れる 잊다

실력Up 확인문제

II. 다음 □ 안에 꼭 들어맞는 한자를 쓰시오 .

1 だれの [しゃ][しん] ですか。

2 鳩は [まめ] が 大好きです。

3 口[ぶえ] を 吹きます。

4 先週 [に][もつ] を 送りました。

5 心[ぱい] する ことは ないです。

6 お[さけ] を 止めました。

7 青い [よう][ふく] を 着て いる 人は だれですか。

8 すみません。その マヨネーズを [と]って ください。

9 私は 外国の 切手を [あつ]めるのが 好きです。

10 東京は 毛[がわ] の ロングコートを 着るほど 寒く ありません。

11 だれが あの お[さら] を 割ったのですか。

12 友達に 車で 家まで [おく]って もらいました。

13 平日の [うけ]付は、何時から 何時までですか。

낱말과표현

鳩 비둘기 | 吹く 불다 | 止める 그만두다 | 着る 입다 | マヨネーズ 마요네즈 | 切手 우표 | ロングコート 롱코트 |
割る 깨다 | ~て もらう (남에게)~해 받다 | 平日 평일

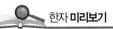
한자 **미리보기**

路 面 安 全 注 意 運 転 発 進 乗 助
駅 港 登 坂 曲 横 橋

318 (길)로/노	**획수** 13 **부수** ⻊(足)	路路路路路路路路路路 路路路
路 N3	**훈** じ **음** ロ	

- 旅路 여로, 여행길
- 道路 도로

この先の旅路を考えます。 앞날의 여로를 생각합니다.

子どもたちが道路で遊んでいます。 아이들이 도로에서 놀고 있습니다.

319 (낯)면	**획수** 9 **부수** 面	面面面面面面面面面
面 N3	**훈** おも/おもて/つら **음** メン	

- 面 얼굴, 낯
- 面 낯짝, 상판
- 正面 정면

表に出て面を見せろ。 밖으로 나와서 얼굴을 보여라.

お前の面はもう見たくない。 너의 낯짝은 이제 안 보고 싶다.

お店の正面に車を止めてください。 가게 정면에 차를 세우세요.

320 (편안)안	**획수** 6 **부수** 宀	安安安安安安
安 N5	**훈** やすい **음** アン	

- 安い 싸다
- 安全 안전

このスーパーでは魚が安いです。 이 슈퍼에서는 생선이 쌉니다.

交通安全に気をつけましょう。 교통안전에 주의합시다.

321 (온전할/모두)전	획수 6 부수 人	全 全 全 全 全 全
全 N3 全	훈 まったく/すべて 음 ゼン	

- 全く 전혀
- 全て 모두, 모조리
- 安全だ 안전하다

私は中国語が全く分かりません。 나는 중국어를 전혀 모릅니다.

それらは全て手作りです。 그것들은 모두 수제품입니다.

安全な歩道を通ります。 안전한 보도를 지나갑니다.

322 (물 댈/부을)주	획수 8 부수 氵(水)	注 注 注 注 注 注 注 注
注 N3	훈 そそぐ 음 チュウ	

- 注ぐ 붓다, 따르다
- 注文する 주문하다

コップに麦茶を注ぎます。 컵에 보리차를 따릅니다.

私はお米を注文しました。 나는 쌀을 주문했습니다.

323 (뜻)의	획수 13 부수 心	意 意 意 意 意 意 意 意 意 意 意 意
意 N3	훈 ― 음 イ	

- 注意する 주의하다
- 意外だ 의외이다

よく注意して道を歩きましょう。 잘 주의해서 길을 걸읍시다.

問題は意外にやさしかったです。 문제는 의외로 쉬웠습니다.

324 (옮길)운	획수 12 부수 辶(辵)	運 運 運 運 運 運 運 運 運 運 運
運 N3 運	훈 はこぶ 음 ウン	

- 運ぶ 나르다
- 運命 운명

車で荷物を運びます。 차로 짐을 나릅니다.

あなたは私の運命の人です。 당신은 내 운명의 사람입니다.

325 (구를)전	획수 11 부수 車	転 転 転 転 転 転 転 転 転 転 転
転 轉 N3	훈 ころがる/ころげる ころがす/ころぶ 음 テン	

- 転がる 구르다
- 転ぶ 넘어지다
- 運転手 운전수

転がる石には苔が生えない。 구르는 돌에는 이끼가 끼지 않는다.

好きな人の前で転びました。 좋아하는 사람 앞에서 넘어졌습니다.

森さんはタクシーの運転手です。 모리 씨는 택시 운전수입니다.

326 (필)발	획수 9 부수 癶	発 発 発 発 発 発 発 発 発
発 發 N3	훈 ― 음 ハツ/ホツ	

- 発明する 발명하다
- ! 発生する 발생하다
- ! 発足する 발족하다

誰が電話を発明しましたか。 누가 전화를 발명했습니까?

たくさんのハエが発生しました。 많은 파리가 발생했습니다.

この会は11月26日に発足します。 이 모임은 11월 26일에 발족합니다.

327 (나아길)진	획수 11 부수 辶(辵)	進 進 進 進 進 進 進 進 進 進 進
進 進 N3	훈 すすむ/すすめる 음 シン	

- 進む 나아가다
- 進める 진행시키다
- 進学する 진학하다

そのまま前に進んでください。 그대로 앞으로 나아가세요.

その計画を進めてください。 그 계획을 진행하세요.

私はぜひ大学に進学したいです。 나는 꼭 대학에 진학하고 싶습니다.

328 (탈)승	획수 9 부수 ノ	乗 乗 乗 乗 乗 乗 乗 乗 乗
乗 乗 N3	훈 のる/のせる 음 ジョウ	

- 乗る 타다
- 乗せる 태우다
- 乗客 승객

バスに乗る時間が来ました。 버스를 탈 시간이 왔습니다.

ちょっと乗せてください。 좀 태워 주세요.

バスの乗客は何人ですか。 버스 승객은 몇 명입니까?

329 (도울)조	획수 7 부수 力	助 助 助 助 助 助 助
助 N3	훈 たすける/たすかる すけ 음 ジョ	

- 助ける 구하다
- 助かる 도움이 되다
- 助言 조언

倒れている人を助けました。 쓰러져 있는 사람을 구조했습니다.
彼女はきっと助かるでしょう。 그녀는 틀림없이 도움이 되겠죠.
彼の助言は非常に役立ちます。 그의 조언은 매우 도움이 됩니다.

330 (역말/역)역	획수 14 부수 馬	駅 駅 駅 駅 駅 駅 駅 駅 駅 駅 駅 駅 駅 駅
駅 N5 驛	훈 ― 음 エキ	

- 駅 역
- 駅前 역 앞

主人は歩いて駅へ行きました。 남편은 걸어서 역에 갔습니다.
駅前で酒を買いました。 역 앞에서 술을 샀습니다.

331 (항구)항	획수 12 부수 氵(水)	港 港 港 港 港 港 港 港 港 港 港 港
港 N3	훈 みなと 음 コウ	

- 港 항구
- 空港 공항

港には、船がたくさん見えます。 항구에는 배가 많이 보입니다.
両親が空港まで送ってくれました。 부모님이 공항까지 데려다 줬습니다.

332 (오를)등	획수 12 부수 癶	登 登 登 登 登 登 登 登 登 登 登 登
登 N3	훈 のぼる 음 トウ/ト	

- 登る 오르다
- 登場する 등장하다
- 登山 등산

毎週土曜日に山に登ります。 매주 토요일에 산에 오릅니다.
作品には、多くの人物が登場します。 작품에는 많은 인물이 등장합니다.
私は登山が好きです。 나는 등산을 좋아합니다.

333 (언덕/비탈)판	획수 7 부수 土	坂 坂 坂 坂 坂 坂 坂
坂 N3	훈 さか 음 ハン	

- 坂 비탈, 고개
- 坂道 언덕길
- 急坂 가파른 언덕

坂の上に大きな木があります。 언덕 위에 큰 나무가 있습니다.

私の人生は坂道ばかりです。 내 인생은 비탈길뿐입니다.

ここから急坂です。 여기서부터 가파른 비탈입니다.

334 (굽을)곡	획수 6 부수 日	曲 曲 曲 曲 曲 曲
曲 N3	훈 まがる/まげる 음 キョク	

- 曲がる 구부러지다
- 曲げる 구부리다
- 曲 곡

次の角を左へ曲がってください。 다음 모퉁이를 왼쪽으로 도세요.

木を曲げていすを作ります。 나무를 구부려서 의자를 만듭니다.

この曲は難しくて歌えません。 이 곡은 어려워서 못 부르겠습니다.

335 (가로)횡	획수 15 부수 木	横 横 横 横 横 横 横 横 横 横 横 横 横 横 横
横 N3	훈 よこ 음 オウ	

- 横 옆
- 横になる 눕다
- 横転する 횡전하다, 전도되다

横から子供が走ってきました。 옆에서 아이가 달려왔습니다.

私はベッドに横になりました。 나는 침대에 누웠습니다.

パトカーが横転しました。 순찰차가 전도되었습니다.

336 (다리)교	획수 16 부수 木	橋 橋 橋 橋 橋 橋 橋 橋 橋 橋 橋 橋 橋 橋 橋 橋
橋 N3	훈 はし 음 キョウ	

- 橋 다리
- ! 石橋 돌다리
- 歩道橋 육교

昔、ここに橋がありました。 옛날에 여기에 다리가 있었습니다.

石橋を叩いて渡る。 돌다리도 두들겨 보고 건너라. ('조심하라'는 뜻)

歩道橋を渡ると、病院があります。 육교를 건너면 병원이 있습니다.

I. 밑줄 친 부분의 한자 읽기를 히라가나로 쓰시오.

1 長い 坂を 上ります。　　　2 乗客が バスを 待って いる。

3 細い 道路の 入り口です。　　4 コップに 水を 注ぎます。

5 カニは 横に 歩く。　　　　6 あの 橋は たいへん 美しい。

7 毎朝、同じ 電車に 乗る その 人を、眺めるのが 好きでした。

8 私は 彼の 車が 左へ 曲がるのを 見ました。

9 毎週 日曜日は 朝早く 起きて、山に 登ります。

10 あそこの レストランは、安くて おいしいです。

11 テレビを 全く 見ない 生活を 送って います。

12 その チームは すぐに 計画を 進めるでしょう。

13 この バスで 空港まで 行くには、どのくらい かかりますか。

낱말과표현

上る 오르다 | **コップ** 컵 | **カニ** 게 | 眺める 바라보다, 물끄러미 보다 | **生活** 생활 | **チーム** 팀 | **すぐに** 즉시, 곧바로 |
計画 계획

II. 다음 ☐ 안에 꼭 들어맞는 한자를 쓰시오.

1 映画を ☐ く 見ません。
<small>えい が</small> <small>まった</small> <small>み</small>

2 自転車で ☐ びました。
<small>じ てんしゃ</small> <small>ころ</small>

3 川に ☐ を 架けます。
<small>かわ</small> <small>はし</small> <small>か</small>

4 火事が ☐ 生しました。
<small>か じ</small> <small>はっ</small> <small>せい</small>

5 カエルの ☐ に 水
<small>つら</small> <small>みず</small>

6 時計が ☐ いです。
<small>と けい</small> <small>やす</small>

7 右に ☐ がると、左手に 原宿 ☐ が あります。
<small>みぎ</small> <small>ま</small> <small>ひだり て</small> <small>はらじゅく</small> <small>えき</small>

8 大学に ☐ 学するか、どうか まだ 決めて いません。
<small>だいがく</small> <small>しん</small> <small>がく</small> <small>き</small>

9 紙を 縦9センチ、☐ 7センチに 切ります。
<small>かみ</small> <small>たて</small> <small>よこ</small> <small>き</small>

10 重い 荷物を ☐ ぶ ときは、☐☐ して ください。
<small>おも</small> <small>に もつ</small> <small>はこ</small> <small>ちゅう い</small>

11 この 映画には たくさんの ゾンビが ☐ 場します。
<small>えい が</small> <small>とう</small> <small>じょう</small>

12 あ、どうも すみません。☐ かりました。
<small>たす</small>

13 家の 前の 道 ☐ で 小学生が よく 遊んで います。
<small>いえ</small> <small>まえ</small> <small>どう</small> <small>ろ</small> <small>しょうがくせい</small> <small>あそ</small>

낱말과표현

架ける 걸쳐놓다, 가설하다 | **火事** 화재, 불 | **カエルの つらに 水** 개구리 낯짝에 물 붓기(전혀 영향을 끼치지 못함) |
左手 왼쪽 | **決める** 결정하다 | **縦** 세로 | **ゾンビ** 좀비

UNIT 06 건강과 인물

한자 **미리보기**

病 院 薬 局 医 命 悪 化 死 去 客 者
君 主 身 指 歯 息 鼻 血

---

337 (병들)병

病

N3

획수 10 **부수** 疒

훈 やむ/やまい
음 ビョウ/ヘイ

病 病 病 病 病 病 病 病 病 病

- 病む 앓다, 병들다
- 病 병
- 病気 병

母がストレスで病んでしまいました。 엄마가 스트레스로 병들고 말았습니다.

犬が重い病に掛かりました。 개가 무거운 병에 걸렸습니다.

お父さんが病気になりました。 아버지가 병이 났습니다.

---

338 (집)원

院

N3

획수 10 **부수** 阝(阜)

훈 ―
음 イン

院 院 院 院 院 院 院 院 院 院

- 病院 병원
- 入院 입원

頭が痛いので病院に行きました。 머리가 아파서 병원에 갔습니다.

入院して病気を治します。 입원해서 병을 고치겠습니다.

---

339 (약)약

薬

薬

N3

획수 16 **부수** 艹(艸)

훈 くすり
음 ヤク

薬 薬 薬 薬 薬 薬 薬 薬 薬 薬
薬 薬 薬 薬 薬 薬

- 薬 약
- 薬屋 약방, 약국
- 頭痛薬 두통약

毎朝ダイエットの薬を飲みます。 매일 아침 다이어트 약을 먹습니다.

近くの薬屋が閉店してしまいました。 근처의 약국이 문을 닫고 말았습니다.

コンビニで頭痛薬は買えます。 편의점에서 두통약은 살 수 있습니다.

340 (판)국	획수 7 부수 尸	局 局 局 局 局 局 局
局 N3	훈 ― 음 キョク	

• 薬局 약국
• 水道局 수자원공사

病院の隣には薬局があります。 병원 옆에는 약국이 있습니다.

水道局はどこにありますか。 수도국(수자원공사)은 어디에 있습니까?

341 (의원)의	획수 7 부수 匚	医 医 医 医 医 医 医
医 N3 醫	훈 ― 음 イ	

• 医学 의학
• 医科大学 의과 대학
• 歯医者 치과 의사

医学の勉強は面白いですね。 의학 공부는 재미있군요.

兄は医科大学に通っています。 오빠(형)는 의과 대학에 다니고 있습니다.

歯医者になるのは難しいです。 치과 의사가 되는 것은 어렵습니다.

342 (목숨)명	획수 8 부수 口	命 命 命 命 命 命 命 命
命 N3	훈 いのち 음 メイ/ミョウ	

• 命 목숨
• 生命 생명
• 寿命 수명

医者は人の命を助けます。 의사는 사람의 생명을 구합니다.

新しい生命が誕生しました。 새로운 생명이 탄생했습니다.

人々の寿命は長くなっています。 사람들의 수명은 길어졌습니다.

343 (악할)악	획수 11 부수 心	悪 悪 悪 悪 悪 悪 悪 悪 悪 悪 悪
悪 N3 惡	훈 わるい 음 アク/オ	

• 悪い 나쁘다
• 悪筆 악필
• 悪寒 오한

悪いことをしてはいけないですよ。 나쁜 짓을 해서는 안 돼요.

君の字は悪筆で読めないよ。 너의 글씨는 악필이어서 읽을 수 없다.

ぞくぞくと悪寒がします。 으슬으슬 오한이 납니다.

344 (될)화 化 N3	**획수** 4 **부수** ヒ **훈** ばける/ばかす **음** カ/ケ	化 化 化 化

• 化ける 둔갑하다
• 化かす 홀리다
• 化学 화학

男がメイクして女に化けました。 남자가 화장해서 여자로 둔갑했습니다.

キツネは人を化かすことができます。 여우는 사람을 홀릴 수 있습니다.

彼女のお兄さんは化学の先生です。 그녀의 오빠는 화학 선생님입니다.

345 (죽을)사 死 N3	**획수** 6 **부수** 歹 **훈** しぬ **음** シ	死 死 死 死 死 死

• 死ぬ 죽다
• 死者 죽은 사람

ウサギが死んでしまいました。 토끼가 죽어 버렸습니다.

幸運にも死者はいなかったです。 다행히도 죽은 사람은 없었습니다.

346 (갈)거 去 N3	**획수** 5 **부수** ム **훈** さる **음** キョ/コ	去 去 去 去 去

• 去る 떠나다, 가다
• 去年 작년
• 過去 과거

秋が去り、冬が来ました。 가을이 지나고, 겨울이 왔습니다.

これは去年のカレンダーです。 이것은 작년 달력입니다.

過去をいつまでも考えるな。 과거를 언제까지나 생각하지 마라.

347 (손)객 客 N3	**획수** 9 **부수** 宀 **훈** ― **음** キャク/カク	客 客 客 客 客 客 客 客 客

• お客 손님
• 旅客/旅客 여객

今日は雨でお客さんが少ないです。 오늘은 비가 내려서 손님이 적습니다.

ポーターが旅客の荷物を運びます。 포터가 여객의 짐을 나릅니다.

348 (놈)자	획수 8 부수 耂(老)	者 者 者 者 者 者 者 者
者 者 N3	훈 もの 음 シャ	

• 悪者 나쁜 놈	僕たちは悪者ではないです。 우리들은 악당이 아닙니다.
• 医者 의사	私は医者になるつもりです。 나는 의사가 될 생각입니다.

349 (임금)군	획수 7 부수 口	君 君 君 君 君 君 君
君 N3	훈 きみ 음 クン	

• 君たち 너희들, 그대들	君たちのチームは私たちよりも強い。 너희들 팀은 우리들보다도 강하다.
• ～君 ～군	ぼくのとなりは山口君です。 내 옆은 야마구치 군입니다.

350 (주인/임금)주	획수 5 부수 丶	主 主 主 主 主
主 N3	훈 ぬし/おも 음 シュ/ス	

• 家主 집주인	家主さんはとてもやさしい方です。 집주인은 매우 자상한 분입니다.
• 主に 주로	夜は主に本を読んでいます。 밤에는 주로 책을 읽고 있습니다.
• 主人 남편	主人は歩いて病院へ行きました。 남편은 걸어서 병원에 갔습니다.

351 (몸)신	획수 7 부수 身	身 身 身 身 身 身 身
身 N3	훈 み 음 シン	

• 中身 내용물	このパンの中身は何ですか。 이 빵의 내용물은 무엇입니까?
• 身体 신체	今日は身体検査の日です。 오늘은 신체검사의 날입니다.

352 (손가락)지	획수 9 부수 扌	指 指 指 指 指 指 指 指 指
指 N3	훈 ゆび/さす 음 シ	

- 小指 새끼손가락 （こゆび）
- 指す 가리키다 （さ）
- 指名 지명 （しめい）

小指をカッターで切ってしまいました。 새끼손가락을 칼로 잘라 버렸습니다.

先生が学生を指します。 선생님이 학생을 지명합니다.

私たちは彼を会長に指名しました。 우리들은 그를 회장으로 지명했습니다.

353 (이)치	획수 12 부수 歯(齒)	歯 歯 歯 歯 歯 歯 歯 歯 歯 歯 歯 歯
歯 齒 N3	훈 は 음 シ	

- 歯 이 （は）
- ! 虫歯 충치 （むしば）
- 歯科 치과 （しか）

一生自分の歯で食事がしたいです。 평생 본인의 이로 식사를 하고 싶습니다.

虫歯は一本もありません。 충치는 하나도 없습니다.

今日は歯科医院に行く日です。 오늘은 치과 의원에 가는 날입니다.

354 (숨 쉴)식	획수 10 부수 心	息 息 息 息 息 息 息 息 息 息
息 N3	훈 いき 음 ソク	

- 息 숨 （いき）
- 休息する 휴식하다 （きゅうそく）
- ＊息子 아들 （むすこ）

走ったあとは、息が苦しいです。 달린 뒤에는 숨이 가쁩니다.

5分ほど休息します。 5분 정도 휴식하겠습니다.

うちの息子は5歳です。 우리 아들은 5살입니다.

355 (코)비	획수 14 부수 鼻	鼻 鼻 鼻 鼻 鼻 鼻 鼻 鼻 鼻 鼻 鼻 鼻 鼻
鼻 N3	훈 はな 음 ビ	

- 鼻 코 （はな）
- 耳鼻科 이비인후과 （じびか）

花子さんは鼻が大きいです。 하나코 씨는 코가 큽니다.

彼は耳鼻科を開院しました。 그는 이비인후과를 개원했습니다.

356 (피)혈	**획수** 6 **부수** 血	血 血 血 血 血 血
血 N3	**훈** ち **음** ケツ						

- 血 피 (ち)
- ! 鼻血 코피 (はなぢ)
- 出血 출혈 (しゅっけつ)

指から血が出ています。 손가락에서 피가 나오고 있습니다. (ゆび) (で)

やっと鼻血が止まりました。 겨우 코피가 멈췄습니다. (と)

彼は出血のため死にかけていました。 그는 출혈 때문에 죽어가고 있었습니다. (かれ) (し)

플러스 어휘　**진료과목의 명칭**

内科　내과 (ないか)

小児科　소아과 (しょうにか)

外科　외과 (げか)

整形外科　정형외과 (せいけいげか)

皮膚科　피부과 (ひふか)

泌尿器科　비뇨기과 (ひにょうきか)

産科・婦人科　산과·부인과 (さんか) (ふじんか)

眼科　안과 (がんか)

耳鼻咽喉科　이비인후과 (じびいんこうか)

放射線科　방사선과 (ほうしゃせんか)

精神科　정신과 (せいしんか)

歯科　치과 (しか)

I. 밑줄 친 부분의 한자 읽기를 히라가나로 쓰시오.

1 <u>旅客</u>の <u>荷物</u>を <u>運</u>びます。　　2 <u>台風</u>で <u>天気</u>が <u>悪</u>いです。

3 <u>箱</u>の <u>中身</u>は <u>何</u>ですか。　　4 <u>紙</u>で <u>小指</u>を <u>切</u>って しまいました。

5 <u>歯科</u>の <u>受付</u>は 3<u>階</u>です。　　6 <u>出血</u>が <u>止</u>まりません。

7 <u>主人</u>に クリスマスプレゼントで <u>万年筆</u>を もらいました。

8 <u>数年前</u>、5<u>歳</u>の <u>息子</u>を <u>残</u>して <u>家内</u>が <u>病気</u>で <u>死</u>にました。

9 <u>姉</u>の <u>入院</u>の <u>知</u>らせに <u>母親</u>は とても <u>悲</u>しみました。

10 ここから <u>一番</u> <u>近</u>い <u>薬局</u>は どこに ありますか。

11 この <u>中</u>に お<u>医者</u>さんは いませんか。

12 <u>私</u>は <u>人間</u>の <u>命</u>の <u>重</u>さを <u>改</u>めて <u>感</u>じました。

13 ぼくは <u>鼻</u>が <u>高</u>いのが コンプレックスです。

낱말과 표현

台風(たいふう) 태풍 | 万年筆(まんねんひつ) 만년필 | 数年前(すうねんまえ) 수년 전 | 残す(のこ) 남기다 | 家内(かない) 아내 | 知らせ(し) 알림 | 悲しむ(かな) 슬퍼하다 |
重さ(おも) 무게, 중함 | 改めて(あらた) 새삼스럽게 | コンプレックス 콤플렉스, 열등감

II. 다음 □ 안에 꼭 들어맞는 한자를 쓰시오.

1 □□ は 少なかったです。　　2 虫 □ が 痛いです。

3 □年、酒を 止めました。　　4 時計が 4時を □ します。

5 大きく □ を します。　　6 □学を 勉強します。

7 おととい 耳が いたくて、近所の 耳 □ 科へ 行きました。

8 早く この □□ から 出て いきたいです。

9 お月様。どうか 田中 □ と 同じ クラスに なりますように。

10 私は 物理や 数学は 好きですが、□ 学は 嫌いです。

11 水虫が ひどく なったので、□□ で □ を 買いました。

12 私は 頭が □ いので、大学に 行きません。

13 お父さんの 店には お □ さんが まるで 来ないんです。

낱말과 표현

お月様 달님 | **どうか** 부디, 아무쪼록 | **同じ クラス** 같은 반 | **～ように** ~하도록(소원·원망을 나타냄) | **物理** 물리 |

水虫 무좀 | **ひどい** 지독하다 | **まるで** 마치, 전혀

자연과 상태

한자 **미리보기**

羊 鉄 銀 油 炭 暑 寒 温 度 陽 湯 流
氷 波 湖 岸 等 暗 深 短 美 速

---

357 (양)양	획수 6 부수 羊	羊 羊 羊 羊 羊 羊
羊 N1	훈 ひつじ 음 ヨウ	
• 羊^{ひつじ} 양 • 羊肉^{ようにく} 양고기	この動物園^{どうぶつえん}に羊はいません。 이 동물원에 양은 없습니다. 彼^{かれ}は羊肉は口^{くち}にしません。 그는 양고기는 입에 대지 않습니다.	

358 (쇠)철	획수 13 부수 金	鉄 鉄 鉄 鉄 鉄 鉄 鉄 鉄 鉄 鉄 鉄 鉄 鉄
鉄 N3 鐵	훈 ― 음 テツ	
• 鉄^{てつ} 철 • 地下鉄^{ちかてつ} 지하철	この箱^{はこ}は鉄でできています。 이 상자는 철로 되어 있습니다. 地下鉄で会社^{かいしゃ}へ行^いきます。 지하철로 회사에 갑니다.	

359 (은)은	획수 14 부수 金	銀 銀 銀 銀 銀 銀 銀 銀 銀 銀 銀 銀 銀 銀
銀 N3	훈 ― 음 ギン	
• 銀^{ぎん} 은 • 銀行^{ぎんこう} 은행	銀のネックレスを買^かいました。 은 목걸이를 샀습니다. この近^{ちか}くに銀行がありますか。 이 근처에 은행이 있습니까?	

360 (기름)유	획수 8 부수 氵(水)	油油油油油油油油
油 N3	훈 あぶら 음 ユ	

• 油 기름
• 油絵 유화
• 石油 석유

これはサラダ用の油です。 이것은 샐러드용 기름입니다.

先月から油絵を始めました。 지난달부터 유화를 시작했습니다.

石油ストーブを買いました。 석유 스토브를 샀습니다.

361 (숯)탄	획수 9 부수 火	炭炭炭炭炭炭炭炭炭
炭 N3	훈 すみ 음 タン	

• 炭 숯
• 炭火 숯불
• 石炭 석탄

これはクヌギで作った炭です。 이것은 상수리나무로 만든 숯입니다.

食パンを炭火で焼いてみました。 식빵을 숯불로 구워 보았습니다.

ストーブに石炭をくべます。 스토브에 석탄을 지핍니다.

362 (더울)서	획수 12 부수 日	暑暑暑暑暑暑暑暑暑暑 暑暑
暑 N3 暑	훈 あつい 음 ショ	

• 暑い 덥다
• 暑中見舞い 복중 문안

今日はとても暑いです。 오늘은 매우 덥습니다.

先生に暑中見舞いを書きました。 선생님께 복중 문안을 썼습니다.

363 (찰)한	획수 12 부수 宀	寒寒寒寒寒寒寒寒寒寒 寒寒
寒 N3 寒	훈 さむい 음 カン	

• 寒い 춥다
• 寒暑 한서

イギリスは少し寒くなりました。 영국은 조금 추워졌습니다.

その国は寒暑の差が大きいです。 그 나라는 한서의 차가 큽니다.

364 (따뜻할)온	획수 12 부수 氵(水)	温温温温温温温温温温 温温
温 N3	훈 あたたか/あたたかい あたたまる あたためる 음 オン	

- 温かい 따뜻하다
- 温める 데우다
- 気温 기온

温かいご飯が食べたいです。 따뜻한 밥을 먹고 싶습니다.

電子レンジでスープを温めます。 전자레인지로 스프를 데웁니다.

今週末から気温が下がります。 금주 말부터 기온이 내려가겠습니다.

365 (법도)도	획수 9 부수 广	度度度度度度度度度
度 N3	훈 たび 음 ド/ト/タク	

- ～度に ～때마다
- 一度 한 번
- 支度 채비, 준비

会いに行く度に彼は寝ています。 만나러 갈 때마다 그는 자고 있습니다.

もう一度言ってください。 다시 한 번 말해 주세요.

食事の支度をします。 식사 준비를 합니다.

366 (볕)양	획수 12 부수 阝(阜)	陽陽陽陽陽陽陽陽陽 陽陽
陽 N3	훈 — 음 ヨウ	

- 陽気だ 쾌활하다
- 太陽 태양

川島さんは陽気な人です。 가와시마 씨는 쾌활한 사람입니다.

太陽の光がまぶしいです。 태양 빛이 눈부십니다.

367 (끓일)탕	획수 12 부수 氵(水)	湯湯湯湯湯湯湯湯湯湯 湯湯
湯 N3	훈 ゆ 음 トウ	

- お湯 뜨거운 물
- 銭湯 공중 목욕탕

台所のお湯が出ません。 부엌의 뜨거운 물이 나오지 않습니다.

私はよく銭湯に行きます。 나는 자주 공중 목욕탕에 갑니다.

368 (흐를)류/유	획수 10 부수 氵(水)	流流流流流流流流流流
流 N3	훈 ながれる/ながす 음 リュウ/ル	

- 流れる 흐르다
- 流す 흘리다
- 流行 유행

その川はゆっくりと海まで流れます。 그 강은 천천히 바다까지 흐릅니다.

彼は足から血を流していました。 그는 다리에서 피를 흘리고 있었습니다.

パリは流行の本場です。 파리는 유행의 본고장입니다.

369 (얼음)빙	획수 5 부수 水	氷 氷 氷 氷 氷
氷 N3	훈 こおり/ひ 음 ヒョウ	

- 氷 얼음
- 氷水 얼음물
- 氷点 빙점

無性に氷が食べたいです。 몹시 얼음을 먹고 싶습니다.

氷水を二つ持って来い。 얼음물을 두 개 가져와라.

気温は氷点をうんと下回っています。 기온은 빙점을 훨씬 밑돌고 있습니다.

370 (물결)파	획수 8 부수 氵(水)	波波波波波波波波
波 N3	훈 なみ 음 ハ	

- 波 파도, 물결
- 波長 파장, 사고방식
- ! 電波 전파

海は大きな波が立っています。 바다는 큰 파도가 일고 있습니다.

この人とは波長が合いません。 이 사람과는 생각이 맞지 않습니다.

そちらの電波が悪いようです。 그쪽의 전파가 나쁜 것 같습니다.

371 (호수)호	획수 12 부수 氵(水)	湖湖湖湖湖湖湖湖湖湖 湖湖
湖 N3	훈 みずうみ 음 コ	

- 湖 호수
- 湖水 호수

彼の家の近くに湖があります。 그의 집 근처에 호수가 있습니다.

冬はこの湖水に氷が張ります。 겨울에는 이 호수에 얼음이 업니다.

372 (언덕)안 岸 N3	획수 8　부수 山 훈 きし 음 ガン	岸 岸 岸 岸 岸 岸 岸 岸

- 岸 물가, 벼랑 (きし)
- ! 川岸 강변, 냇가 (かわぎし)
- 海岸 해안 (かいがん)

ボートが岸に着きました。 보트가 물가에 도착했습니다.

川岸にはキャンプ場があります。 강변에는 캠프장이 있습니다.

海岸できれいな貝を拾いました。 해안에서 예쁜 조개를 주웠습니다.

373 (무리)등 等 N3	획수 12　부수 竹 훈 ひとしい 음 トウ	等 等 等 等 等 等 等 等 等 等 等 等

- 等しい 똑같다 (ひと)
- ～等 ～등, ~등급 (とう)
- ! 平等だ 평등하다 (びょうどう)

二人の力は等しいです。 두 사람의 힘은 똑같습니다.

三等の景品はタオルです。 3등 경품은 수건입니다.

時間は全ての人に平等です。 시간은 모든 사람에게 평등합니다.

374 (어두울)암 暗 N3	획수 13　부수 日 훈 くらい 음 アン	暗 暗 暗 暗 暗 暗 暗 暗 暗 暗 暗 暗 暗

- 暗い 어둡다 (くら)
- 暗記 암기 (あんき)

暗い夜道には気をつけましょう。 어두운 밤길은 조심합시다.

私は暗記が苦手です。 저는 암기를 잘 못합니다.

375 (깊을)심 深 N3	획수 11　부수 氵(水) 훈 ふかい/ふかまる 　 ふかめる 음 シン	深 深 深 深 深 深 深 深 深 深 深

- 深い 깊다 (ふか)
- 深める 깊게 하다 (ふか)
- 深夜 심야 (しんや)

深い川は静かに流れます。 깊은 강은 조용히 흐릅니다.

ゲームを通して友情を深めます。 게임을 통해서 우정을 깊게 합니다.

その映画は深夜に放送されました。 그 영화는 심야에 방송되었습니다.

376 (짧을)단	획수 12 부수 矢	短 短 短 短 短 短 短 短 短 短
		短 短
短	훈 みじかい	
N3	음 タン	

- 短い 짧다
- 短所 단점

スボンが少し短くなりました。 바지가 조금 짧아졌습니다.

あなたの短所と長所は何ですか。 당신의 단점과 장점은 무엇입니까?

377 (아름다울)미	획수 9 부수 𦍌(羊)	美 美 美 美 美 美 美 美 美
美	훈 うつくしい	
N3	음 ビ	

- 美しい 아름답다
- 美人 미인

この作品はとても美しいですね。 이 작품은 매우 아름답군요.

会社にすごい美人が入ってきました。 회사에 굉장한 미인이 들어왔습니다.

378 (빠를)속	획수 10 부수 辶(辵)	速 速 速 速 速 速 速 速 速 速
速	훈 はやい/はやめる	
	はやまる/すみやか	
N3 速	음 ソク	

- 速い 빠르다
- 速やかだ 신속하다
- 速度 속도

もっと速く走れ。 더 빨리 달려라.

速やかに工事に着手します。 신속히 공사에 착수하겠습니다.

母は車の速度を落としました。 엄마는 차 속도를 떨어뜨렸습니다.

I. 밑줄 친 부분의 한자 읽기를 히라가나로 쓰시오.

1 <ruby>今日<rt>きょう</rt></ruby>は <ruby>波<rt>なみ</rt></ruby>が <ruby>高<rt>たか</rt></ruby>いですね。   2 <ruby>彼<rt>かれ</rt></ruby>は <ruby>油絵<rt>あぶらえ</rt></ruby>を <ruby>始<rt>はじ</rt></ruby>めました。

3 そこは <ruby>美<rt>うつく</rt></ruby>しい <ruby>所<rt>ところ</rt></ruby>です。   4 めっきり <ruby>日<rt>ひ</rt></ruby>が <ruby>短<rt>みじか</rt></ruby>く なりました。

5 <ruby>地下鉄<rt>ちかてつ</rt></ruby>で <ruby>行<rt>い</rt></ruby>きたいです。   6 <ruby>私<rt>わたし</rt></ruby>は <ruby>銀行<rt>ぎんこう</rt></ruby>に <ruby>行<rt>い</rt></ruby>きます。

7 その <ruby>湖<rt>みずうみ</rt></ruby>では たくさんの <ruby>白鳥<rt>はくちょう</rt></ruby>を <ruby>見<rt>み</rt></ruby>る ことが できます。

8 <ruby>羊肉<rt>ようにく</rt></ruby>は <ruby>食<rt>た</rt></ruby>べても <ruby>太<rt>ふと</rt></ruby>らないと <ruby>言<rt>い</rt></ruby>われますが、ほんとうでしょうか。

9 ふたを <ruby>開<rt>あ</rt></ruby>けて お<ruby>湯<rt>ゆ</rt></ruby>を <ruby>入<rt>い</rt></ruby>れて、また、ふたを して <ruby>3分間<rt>ぷんかん</rt></ruby> <ruby>待<rt>ま</rt></ruby>ちます。

10 ここで <ruby>石炭<rt>せきたん</rt></ruby>を たくさん <ruby>取<rt>と</rt></ruby>る ことが できます。

11 <ruby>彼女<rt>かのじょ</rt></ruby>は <ruby>最近<rt>さいきん</rt></ruby>の <ruby>流行<rt>りゅうこう</rt></ruby>に ついて よく <ruby>知<rt>し</rt></ruby>って います。

12 <ruby>猫<rt>ねこ</rt></ruby>は <ruby>明<rt>あか</rt></ruby>るい ところよりも <ruby>暗<rt>くら</rt></ruby>い ところの <ruby>方<rt>ほう</rt></ruby>が よく <ruby>見<rt>み</rt></ruby>えます。

13 <ruby>日中<rt>にっちゅう</rt></ruby>は たいへん <ruby>暑<rt>あつ</rt></ruby>く、<ruby>夜<rt>よる</rt></ruby>は とても <ruby>寒<rt>さむ</rt></ruby>いです。

낱말과 표현

めっきり 현저히, 부쩍 | <ruby>白鳥<rt>はくちょう</rt></ruby> 백조 | <ruby>言<rt>い</rt></ruby>**われる** 그렇게 말하다, 그렇게 부르다 | **ほんとう** 정말 | **ふた** 뚜껑 | **～に ついて** ～에 관해서, ～에 대해서 | <ruby>日中<rt>にっちゅう</rt></ruby> 낮(해가 있는 동안)

II. 다음 □ 안에 꼭 들어맞는 한자를 쓰시오.

1 太[よう] が まぶしいです。

2 気[おん] が 下がります。

3 外は もう 暗[くら]いです。

4 時間[じかん]は 誰[だれ]にも 平[びょう][どう]です。

5 川[かわ][ぎし] で キャンプを します。

6 世界一[せかいいち][ふか]い [みずうみ]です。

7 石[せき][ゆ] は たいへん 私[わたし]たちの 生活[せいかつ]に 役立[やくだ]ちます。

8 私[わたし]の 部屋[へや]の シャワーは お[ゆ] が 出[で]ません。

9 今年[ことし]は ミニスカートが [りゅう]行[こう]して います。

10 フィリピンでは ビールに [こおり]を 入[い]れます。

11 大[おお]きな [なみ] が 来[き]ます。気[き]を つけて ください。

12 [び][じん]とは 心[こころ]の [うつく]しい 人[ひと]を 言[い]います。

13 その 急行列車[きゅうこうれっしゃ]は 次第[しだい]に [そく][ど]を 上[あ]げました。

낱말과 표현

まぶしい 눈부시다 | **生活[せいかつ]** 생활 | **シャワー** 샤워 | **ミニスカート** 미니스커트 | **フィリピン** 필리핀 |
気[き]を つける 조심하다 | **急行列車[きゅうこうれっしゃ]** 급행열차 | **次第[しだい]に** 차츰, 점점

184

UNIT 08 일과 감정

한자 **미리보기**

仕	事	相	談	調	整	決	定	部	平	感	動
幸	福	期	待	予	想	苦	悲				

---

379 (벼슬/섬길)사

仕

N3

획수 5 **부수** イ(人)

훈 つかえる
음 シ/ジ

仕 仕 仕 仕 仕

- 仕える 섬기다
- 仕送り 송금
- 給仕 급사, 사환

彼はまめに主人に仕えます。 그는 부지런히 주인을 섬깁니다.

親からの仕送りを受けます。 부모로부터의 생활비(학비)를 받습니다.

彼女は給仕を呼びました。 그녀는 사환을 불렀습니다.

---

380 (일)사

事

N3

획수 8 **부수** 亅

훈 こと
음 ジ/ズ

事 事 事 事 事 事 事 事

- 事 일, 문제, 것
- ! 仕事 일
- 食事 식사

自分の事は自分でします。 제 일은 제가 합니다.

今日は雨で仕事になりません。 오늘은 비 때문에 일이 되지 않습니다.

30分後に食事の時間です。 30분 후에 식사 시간입니다.

---

381 (서로)상

相

N3

획수 9 **부수** 目

훈 あい
음 ソウ/ショウ

相 相 相 相 相 相 相 相 相

- 相手 상대
- 手相 손금
- 首相 수상

この前の相手は強すぎました。 이전 상대는 너무 강했습니다.

ぼくは手相なんか気にしません。 나는 손금 따위 신경 쓰지 않습니다.

私は今の首相が好きじゃありません。 나는 지금의 수상을 좋아하지 않습니다.

---

382 (말씀)담	획수 15 부수 言	談談談談談談談談談談
	훈 —	談談談談談
談	음 ダン	
N3		

- 相談 상담
  そうだん
- 面談 면담
  めんだん

先生、相談があるんですが。 선생님, 상담이 있는데요.
せんせい

面談はどこで行いますか。 면담은 어디서 실시합니까?
おこな

383 (고를)조	획수 15 부수 言	調調調調調調調調調調
	훈 しらべる/ととのう	調調調調調
調	ととのえる	
	음 チョウ	
N3		

- 調べる 조사하다
  しら
- 調子 상태
  ちょうし
- 調理する 조리하다
  ちょうり

日本の文化について調べます。 일본의 문화에 대해서 조사합니다.
にほん ぶんか

今日は体の調子が悪いです。 오늘은 몸 상태가 나쁩니다.
きょう からだ わる

母は魚を調理しています。 엄마는 생선을 조리하고 있습니다.
はは さかな

384 (가지런할)정	획수 16 부수 攵(攴)	整整整整整整整整整整
	훈 ととのえる/ととのう	整整整整整整
整	음 セイ	
N3		

- 整える 조절하다
  ととの
- 整理する 정리하다
  せいり
- 調整 조정
  ちょうせい

それが体のバランスを整えます。 그것이 몸의 균형을 잡아줍니다.
からだ

久々に机の上を整理しました。 오래간만에 책상 위를 정리했습니다.
ひさびさ つくえ うえ

みんなの意見を調整します。 모두의 의견을 조정합니다.
いけん

385 (결단할)결	획수 7 부수 氵(水)	決決決決決決決
	훈 きめる/きまる	
決	음 ケツ	
N3		

- 決める 결정하다
  き
- 決まる 결정되다
  き
- ! 決心 결심
  けっしん

何でもじゃんけんで決めます。 뭐든지 가위바위보로 정합니다.
なん

家族旅行の日日が決まりました。 가족 여행의 날짜가 정해졌습니다.
かぞくりょこう ひにち

今年は酒を止めると決心しました。 금년에는 술을 끊겠다고 결심했습니다.
ことし さけ や

386 (정할)정 定 N3	획수 8 부수 宀 훈 さだめる/さだまる さだか 음 テイ/ジョウ	定 定 定 定 定 定 定 定
• 定める 정하다 • 決定する 결정하다 • 定規 자	大学生の入学定員を定めました。 대학생 입학 정원을 정했습니다. 飲み会の場所を決定しました。 회식 장소를 결정했습니다. コンビニで定規を買いました。 편의점에서 자를 샀습니다.	

387 (떼)부 部 N3	획수 11 부수 阝(邑) 훈 ― 음 ブ	部 部 部 部 部 部 部 部 部 部 部
• 部長 부장 ＊部屋 방	私は部長が大嫌いです。 나는 부장님을 정말 싫어합니다. 2階の部屋はもっと広いです。 2층 방은 더 넓습니다.	

388 (평평할)평 平 N3 平	획수 5 부수 干 훈 たいら/ひら 음 ヘイ/ビョウ	平 平 平 平 平
• 平らだ 평평하다 • 平社員 평사원 • 平日 평일	妹のおでこはとても平らです。 여동생의 이마는 매우 평평합니다. 兄は未だに平社員です。 형은 아직껏 평사원입니다. 平日なのに公園に人が多いですね。 평일인데 공원에 사람이 많군요.	

389 (느낄)감 感 N3	획수 13 부수 心 훈 ― 음 カン	感 感 感 感 感 感 感 感 感 感 感 感
• 感じる 느끼다 • 感動する 감동하다	ストレスを感じることが多いです。 스트레스를 느끼는 경우가 많습니다. この詩を読んで感動しました。 이 시를 읽고 감동했습니다.	

390 (움직일)동	획수 11 부수 力	動動動動動動動動動動 動
動 N3	훈 うごく/うごかす 음 ドウ	

- 動く 움직이다
- 動かす 움직이게 하다
- 運動 운동

足が痛くてもう動けません。 발이 아파서 이제 못 움직입니다.

手を動かすと頭がよくなります。 손을 움직이면 머리가 좋아집니다.

私は全く運動をしません。 나는 전혀 운동을 하지 않습니다.

391 (다행)행	획수 8 부수 干	幸幸幸幸幸幸幸幸
幸 N3	훈 さいわい/さち しあわせ 음 コウ	

- 幸い 다행히
- 幸せだ 행복하다
- 幸運 행운

幸い天気はよかったです。 다행히 날씨는 좋았습니다.

いつも幸せな顔をしています。 언제나 행복한 얼굴을 하고 있습니다.

私は彼の幸運がうらやましいです。 나는 그의 행운이 부럽습니다.

392 (복)복	획수 13 부수 ネ(示)	福福福福福福福福福福 福福福
福 N3 福	훈 ― 음 フク	

- 幸福だ 행복하다
- 福引き 제비뽑기

幸福な世の中にしたいです。 행복한 세상으로 하고 싶습니다.

福引きで手帳が当たりました。 제비뽑기에서 수첩이 당첨됐습니다.

393 (기약할)기	획수 12 부수 月	期期期期期期期期期期 期期
期 N3	훈 ― 음 キ/ゴ	

- 時期 시기
- 最期 최후, 임종

今、いそがしい時期です。 지금 바쁜 시기입니다.

彼はりっぱな最期でした。 그는 훌륭한 최후였습니다.

394 (기다릴)대	획수 9 부수 彳	待待待待待待待待待
待 N3	훈 まつ 음 タイ	

- 待つ 기다리다
- ! 待合室 대합실
- 期待 기대

もう少し待ちましょう。조금 더 기다립시다.

私たちは待合室で少し待ちました。우리들은 대합실에 조금 기다렸습니다.

あまり多くを期待するな。너무 많은 것을 기대하지 마라.

395 (미리)예	획수 4 부수 亅	予予予予
予 N3 豫	훈 ― 음 ヨ	

- 予定 예정
- 予習 예습

来週の予定は未定です。다음 주 예정은 미정입니다.

授業の前に予習をしていますか。수업 전에 예습을 하고 있습니까?

396 (생각)상	획수 13 부수 心	想想想想想想想想想想 想想想
想 N3	훈 ― 음 ソウ/ソ	

- 予想 예상
- 感想 감상
- 愛想 붙임성

僕の予想どおりでした。저의 예상대로였습니다.

合宿の感想を聞きました。합숙의 감상을 들었습니다.

彼はだれにでも愛想がいいです。그는 누구에게나 붙임성이 좋습니다.

397 (쓸)고	획수 8 부수 ⺾(艸)	苦苦苦苦苦苦苦苦
苦 N3 苦	훈 くるしい/くるしむ くるしめる/にがい にがる 음 ク	

- 苦しい 괴롭다
- 苦い 쓰다
- 苦心する 고심하다

あなたに会いたくて苦しいです。당신을 만나고 싶어서 괴롭습니다.

このお茶は少し苦いです。이 차는 조금 씁니다.

苦心して作った動画です。고심해서 만든 동영상입니다.

| 398 (슬플)비 N3 | 획수 12 부수 心

훈 かなしい/かなしむ
음 ヒ | 悲 悲 悲 悲 悲 悲 悲 悲 悲 悲
悲 悲 |

- 悲しい 슬프다
- 悲しむ 슬퍼하다
- 悲鳴 비명

悲しい時、友達に電話をします。 슬플 때 친구에게 전화를 합니다.

それは悲しむほどのことではありません。 그것은 슬퍼할 만한 일이 아닙니다.

夜中に悲鳴が聞こえました。 밤중에 비명이 들렸습니다.

플러스 어휘   **감정 표현의 표정들**

元気だ
건강하다

嬉しい
기쁘다

悲しい
슬프다

困った
곤란하다

怒っている
화났다

助けて
도와줘

疲れた
피곤하다

元気が出ない
힘이 나지 않는다

I. 밑줄 친 부분의 한자 읽기를 히라가나로 쓰시오 .

1 ^{むね}胸が 苦しいです。

2 ちょっと 待って ください。

3 ^{からだ}体の 調子を 整えます。

4 あなたの 手相は いいです。

5 ^{きょう}今日は ^{そと}外で 食事を します。

6 平日は 仕事で ^{いそが}忙しいです。

7 この ^{ほん}本を ^よ読んで、感じた ことを ^か書いて ください。

8 ^{ふ ぼ}父母と ^{わか}別れて 悲しい ^{き も}気持ちに なりました。

9 ^{わたし}私は あなたの 幸福を ^{こころ}心から ^{いの}祈って います。

10 あなたは ^{わたし}私に ^{おお}大きな 期待を しないで ください。

11 この ^{えい が}映画は、予想して いたよりも ずっと おもしろかったです。

12 ^{きょう}今日の ^{ひる}昼ごはんの メニューは カキフライに 決めました。

13 ^{でん き}電気で 動く ^{じ しゃ}自動車に ^の乗った ことが あります。

낱말과 표현

^{いそが}忙しい 바쁘다 | ^{わか}別れる 이별하다 | ^{いの}祈る 기원하다 | **～ないで ください** ～하지 마세요 | **ずっと** 훨씬 |
^{ひる}昼ごはん 점심(밥) | **メニュー** 메뉴 | **カキフライ** 굴 튀김 | ^{でん き}電気 전기

II. 다음 □ 안에 꼭 들어맞는 한자를 쓰시오.

1 私は まだ [平]社員です。

2 親からの [仕]送りは ないです。

3 私は 兄に [相][談]した。

4 心から [期][待]して います。

5 人が [苦]しんで います。

6 [調]べる 時間を ください。

7 高橋[部]長の 新しい ポストは [決]まったんですか。

8 [仕][事]の ことは 聞かないで ください。

9 日本に 行って、どんな ことを [感]じましたか。

10 あなたが 死んだら、[悲]しむ 人は 何人 いますか。

11 親は 自分の ことより、まず 子供の [幸][福]を 考えます。

12 食[事]の 後は、いつも デザートが ほしいです。

13 神は 運命を [定]めるが、人は 運命を 変えます。

낱말과 표현

ポスト 지위, 직위 | ～んですか ～거예요? | ～たら(だら) ～면 | 何人 몇 명 | まず 우선, 첫째로 | 後 다음, 후 |
デザート 디저트 | 変える 바꾸다

UNIT 09 야구와 동작

한자 **미리보기**

投 打 拾 球 遊 守 第 号 着 落 飲 泳
持 使 申 表 起 消 追 急 向 開 放

---

399 (던질)투

획수 7 **부수** 扌

훈 なげる
음 トウ

N3

投 投 投 投 投 投 投

- 投^なげる 던지다
- 投書^{とうしょ}する 투서하다

池^{いけ}のほうにボールを投げました。 연못 쪽으로 공을 던졌습니다.

テレビ番組^{ばんぐみ}に投書します。 텔레비전 프로그램에 투서합니다.

---

400 (칠)타

획수 5 **부수** 扌

훈 うつ
음 ダ

N3

打 打 打 打 打

- 打^うつ 치다, 때리다
- 打者^{だしゃ} 타자

今日^{きょう}も彼^{かれ}はホームランを打ちました。 오늘도 그는 홈런을 쳤습니다.

いよいよ4番打者^{とうじょう}の登場です。 드디어 4번 타자의 등장입니다.

---

401 (주울)습/(열)십

획수 9 **부수** 扌

훈 ひろう
음 シュウ/ジュウ

N3

拾 拾 拾 拾 拾 拾 拾 拾 拾

- 拾^{ひろ}う 줍다
- 拾得物^{しゅうとくぶつ} 습득물
- 拾円^{じゅうえん} 십 엔

トイレで一万円^{いちまんえん}を拾いました。 화장실에서 만 엔을 주웠습니다.

拾得物はここに入^いれてください。 습득물은 여기에 넣어 주세요.

手^てから拾円玉^{だま}のにおいがします。 손에서 십 엔짜리 동전 냄새가 납니다.

402 (공)구 球 N3	획수 11 부수 王(玉) 훈 たま 음 キュウ	球球球球球球球球球球球					

- 球 공, (당구 등의)알
- 野球 야구

ビリヤードの球はとても固いです。 당구 공은 매우 딱딱합니다.

野球なんかもうこりごりです。 야구 따위 이제 지긋지긋합니다.

403 (놀)유 遊 N3	획수 12 부수 辶(辵) 훈 あそぶ 음 ユウ/ユ	遊遊遊遊遊遊遊遊遊遊 遊遊					

- 遊ぶ 놀다
- 遊園地 유원지
- 遊山 유람, 관광

友達と海で一日中遊びました。 친구와 바다에서 하루 종일 놀았습니다.

その遊園地に行きたいです。 그 유원지에 가고 싶습니다.

物見遊山に北海道へ行きました。 관광 유람차 홋카이도에 갔습니다.

404 (지킬)수 守 N3	획수 6 부수 宀 훈 まもる/もり 음 シュ/ス	守守守守守守					

- 守る 지키다
- 死守する 사수하다
- 留守 부재(중)

森を守るキャンペーン中です。 숲을 지키는 캠페인 중입니다.

週に一度の休日は死守したいです。 주에 한 번의 휴일은 사수하고 싶습니다.

先生は今日も留守でした。 선생님은 오늘도 부재중이었습니다.

405 (차례)제 第 N3	획수 11 부수 竹 훈 — 음 ダイ	第第第第第第第第第第 第					

- 第一 제일
- 次第 ~나름, ~대로

お客さんの安全が第一です。 손님의 안전이 제일입니다.

やはり子供は親次第です。 역시 자식은 부모하기 나름입니다.

406 (부르짖을)호	획수 5 부수 口	号 号 号 号 号
号 N3 號	훈 ─ 음 ゴウ	

- 第~号 제~호
- 番号 번호

シーズン第1号のゴールです。 시즌 제 1호 골입니다.

彼の背番号は42です。 그의 등 번호는 42입니다.

407 (붙을)착	획수 12 부수 目	着 着 着 着 着 着 着 着 着 着 着 着
着 N3	훈 きる/きせる/つく つける 음 チャク/ジャク	

- 着る 입다
- 着く 도착하다
- 着手 착수

水着を着るのは恥ずかしいです。 수영복을 입는 것은 부끄럽습니다.

林さんは何時に着きましたか。 하야시 씨는 몇 시에 도착했습니까?

新しい仕事に着手しました。 새로운 일을 착수했습니다.

408 (떨어질)락	획수 12 부수 艹(艸)	落 落 落 落 落 落 落 落 落 落 落 落
落 N3 落	훈 おちる/おとす 음 ラク	

- 落ちる 떨어지다
- 落とす 떨어뜨리다
- 落書き 낙서

体重が3キロ落ちました。 체중이 3킬로 줄었습니다.

車のキーを落としてしまいました。 차 키를 떨어뜨리고 말았습니다.

ここに落書きをしないでください。 여기에 낙서를 하지 마세요.

409 (마실)음	획수 12 부수 飠(食)	飲 飲 飲 飲 飲 飲 飲 飲 飲 飲 飲 飲
飲 N5 飲	훈 のむ 음 イン	

- 飲む 마시다
- 飲食店 음식점

喉が渇いたので、水を飲みます。 목이 말라서 물을 마십니다.

この飲食店は本当においしいです。 이 음식점은 정말로 맛있습니다.

410 (헤엄칠)영	획수 8 부수 氵(水)	泳泳泳泳泳泳泳泳
泳 N3	훈 およぐ 음 エイ	

- 泳ぐ 헤엄치다
- 水泳 수영

彼は泳ぐのがとても速いです。 그는 헤엄치는 것이 매우 빠릅니다.

水泳は体を強くします。 수영은 몸을 튼튼하게 합니다.

411 (가질)지	획수 9 부수 扌	持持持持持持持持持
持 N3	훈 もつ 음 ジ	

- 持つ 들다
- 力持ち 장사, 힘 셈
- 持病 지병

右手にかばんを持ちます。 오른손에 가방을 듭니다.

彼は背は低いが力持ちです。 그는 키는 작지만, 장사입니다.

父の持病はリューマチです。 아버지의 지병은 류머티즘입니다.

412 (하여금/사신)사	획수 8 부수 イ(人)	使使使使使使使使
使 N3	훈 つかう 음 シ	

- 使う 사용하다
- 天使 천사

人間は道具を使います。 인간은 도구를 사용합니다.

あなたは天使のように見えます。 당신은 천사처럼 보입니다.

413 (납/펼)신	획수 5 부수 田	申申申申申
申 N3	훈 もうす 음 シン	

- 申す 말씀드리다
- 申請 신청

私の意見を申します。 제 의견을 말씀드리겠습니다.

彼女はビザを申請しました。 그녀는 비자를 신청했습니다.

414 (겉)표	획수 8 부수 衣	表 表 表 表 表 表 表 表

훈 おもて/あらわす
あらわれる
음 ヒョウ

N3

- 表 바깥
- 表す 나타내다
- ! 発表 발표

暑くて表に出たくないです。 더워서 바깥에 나오고 싶지 않습니다.

この記号は、木を表しています。 이 기호는 나무를 나타내고 있습니다.

これから発表を始めます。 이제부터 발표를 시작하겠습니다.

415 (일어날)기	획수 10 부수 走	起 起 起 起 起 起 起 起 起 起

훈 おきる/おこる/おこす
음 キ

N4

- 起きる 일어나다
- 起こす 깨우다
- 起立 기립

毎朝何時に起きますか。 매일 아침 몇 시에 일어납니까?

毎朝6時に弟を起こします。 매일 아침 6시에 남동생을 깨웁니다.

指名された方は起立してください。 지명받은 분은 기립해 주세요.

416 (사라질)소	획수 10 부수 氵(水)	消 消 消 消 消 消 消 消 消 消

훈 きえる/けす
음 ショウ

N3 消

- 消える 사라지다
- 消す 끄다, 지우다
- 消化 소화

たった今、明かりが消えました。 방금 등불(불)이 꺼졌습니다.

明かりを消してください。 등불(불)을 꺼 주세요.

ワインは消化を助けます。 와인은 소화를 돕습니다.

417 (따를/쫓을)추	획수 9 부수 辶(辵)	追 追 追 追 追 追 追 追 追

훈 おう
음 ツイ

N3 追

- 追う 좇다, 쫓다
- 追究 추구

流行ばかりを追うのは恥ずかしいです。 유행만을 좇는 것은 부끄럽습니다.

お酒の楽しみ方を追究しています。 술 즐기는 방법을 추구하고 있습니다.

418 (급할)급 急 N3 急	획수 9 부수 心 훈 いそぐ 음 キュウ	急急急急急急急急急

• 急ぐ 서두르다 いそ • 急行 급행 きゅうこう	急ぐから、先に行くよ。급하니까 먼저 간다. さき い 今度の電車は急行ですか。이번 전철은 급행입니까? こん ど でんしゃ

419 (향할)향 向 N3	획수 6 부수 口 훈 むく/むける/むかう むこう 음 コウ	向向向向向向

• 向く 향하다, 보다 む • 向こう 맞은편 む • 方向 방향 ほうこう	左を向いてください。왼쪽을 향해 주세요(보세요). ひだり 向こうの車両に乗ります。맞은편 차량을 탑니다. しゃりょう の 彼はほかの方向を見ました。그는 딴 방향을 보았습니다. かれ み

420 (열)개 開 N3	획수 12 부수 門 훈 ひらく/ひらける あく/あける 음 カイ	開開開開開開開開開開 開開

• 開く 열리다, 피다 ひら • 開ける 열다 あ • 開店する 개점하다 かいてん	白い花が開きました。하얀 꽃이 피었습니다. しろ はな ドアを開けて入ってください。문을 열고 들어 오세요. はい ここは何時に開店しますか。여기는 몇 시에 개점합니까? なんじ

421 (놓을)방 放 N3	획수 8 부수 攵(攴) 훈 はなす/はなつ はなれる/ほうる 음 ホウ	放放放放放放放放

• 放す 놓아주다 はな • 放れる 풀리다 はな • 開放する 개방하다 かいほう	ウサギを森に放してやりました。토끼를 숲에 놓아주었습니다. もり 犬が鎖から放れました。개가 사슬에서 풀렸습니다. いぬ くさり 小学校のプールを開放します。초등학교 수영장을 개방합니다. しょうがっこう

I. 밑줄 친 부분의 한자 읽기를 히라가나로 쓰시오 .

1 ドイツの 車を 持って います。　2 朝早く 起きます。

3 電話番号は 何番ですか。　4 急行で 行きます。

5 今すぐ 消しなさい。　6 道で 100円を 拾いました。

7 私は 今 飲食店で アルバイトを して いる 大学 2年生です。

8 少女は かごを 開けて 鳥を 放して やりました。

9 流行を 追う ファッションは つまらないと 思います。

10 先ほど トイレに スマートホンを 落として しまいました。

11 ガーナでは、人々は 食事を する ときに 指を 使います。

12 日本では サッカーより 野球の ほうが 人気が あります。

13 何だかんだ 言っても 安全が 第一です。

낱말과표현

ドイツ 독일 | 何番 몇 번 | 少女 소녀 | かご 바구니, 새장 | ～て やる ～해 주다 | つまらない 하찮다 | 先ほど 아까 |
ガーナ 가나 | 何だかんだ 言っても 이러니 저러니 해도

II. 다음 □ 안에 꼭 들어맞는 한자를 쓰시오.

1 ぼくは 約束は □り ます。

2 □る 物が ないです。

3 本当の ことを □します。

4 これは 何を □しますか。

5 彼は ホームランを □った。

6 正面を □いて ください。

7 あなたは どのくらい 長く □ぐ ことが できますか。

8 私は ある 分野を 深く □究する タイプです。

9 山に 登る 時は、かならず 地図を □って 行きましょう。

10 先生、ホワイトボードの 字を □しても いいですか。

11 みんなが その □書を 話題に しました。

12 クレジットカード 番□を 入力して ください。

13 この □園地の 入場料は とても 高いです。

낱말과 표현

約束 약속 | 本当の こと 진실 | ホームラン 홈런 | 正面 정면 | 分野 분야 | ホワイトボード 화이트보드 | 話題 화제 |
クレジットカード 신용카드 | 入力 입력 | 入場料 입장료

 한자 **미리보기**

農 業 畑 庭 葉 根 実 緑 植 育 倍 味
族 由 秒 有 他 次 両

---

422 (농사)농

획수 13 부수 辰

훈 ─
음 ノウ

N3

農農農農農農農農農農
農農農

- 農家 농가
- 農場 농장

農家でイチゴ作りを見学します。 농가에서 딸기 재배를 견학합니다.

ここは大学の農場です。 여기는 대학 농장입니다.

---

423 (업)업

획수 13 부수 木

훈 わざ
음 ギョウ/ゴウ

N3

業業業業業業業業業業
業業業

- 仕業 소행, 짓
- 農業 농업
- 業病 업병

これはいったい誰の仕業だろう。 이것은 도대체 누구의 짓일까?

村山さんは農業をしています。 무라야마 씨는 농사를 짓고 있습니다.

ある日、突然業病が発見されました。 어느날 갑자기 업병이 발견되었습니다.

---

424 (화전)전

획수 9 부수 田

훈 はた/はたけ
음 ─

N3

畑畑畑畑畑畑畑畑畑

- ! 田畑 논밭
- 畑 밭

大阪は意外と田畑が多いです。 오사카는 의외로 논밭이 많습니다.

畑に種をまきます。 밭에 씨앗을 뿌립니다.

425 (뜰)정	획수 10 부수 广	庭 庭 庭 庭 庭 庭 庭 庭 庭 庭
庭 N3	훈 にわ 음 テイ	

- 庭 뜰, 마당 (にわ)
- 庭園 정원 (ていえん)

庭に木を植えました。 뜰에 나무를 심었습니다.

この庭園は夏が一番いいです。 이 정원은 여름이 가장 좋습니다.

426 (잎)엽	획수 12 부수 艹(艸)	葉 葉 葉 葉 葉 葉 葉 葉 葉 葉 葉 葉
葉 葉 N3	훈 は 음 ヨウ	

- 木の葉 나뭇잎 (こ は)
- ! 言葉 어(語), 말 (ことば)
- 紅葉 홍엽, 단풍 (こうよう)

秋は木の葉が落ちます。 가을에는 나뭇잎이 떨어집니다.

あなたは言葉の力を信じますか? 당신은 말의 힘을 믿습니까?

紅葉を見に行きたいです。 단풍을 보러 가고 싶습니다.

427 (뿌리)근	획수 10 부수 木	根 根 根 根 根 根 根 根 根 根
根 N3	훈 ね 음 コン	

- 根 뿌리 (ね)
- 屋根 지붕 (や ね)
- 大根 무 (だいこん)

根も葉もない。 뿌리도 잎도 없다(아무런 근거도 없다).

屋根にまだ雪があります。 지붕에 아직 눈이 있습니다.

大根は非常に体にいい食べ物です。 무는 대단히 몸에 좋은 음식입니다.

428 (열매)실	획수 8 부수 宀	実 実 実 実 実 実 実 実
実 N3 實	훈 み/みのる 음 ジツ	

- 実 열매, 씨앗 (み)
- 実る 열매를 맺다 (みの)
- ! 実習 실습 (じっしゅう)

リスが木の実を食べています。 다람쥐가 나무 열매를 먹고 있습니다.

トマトが赤く実りました。 토마토가 빨갛게 열렸습니다.

私は3ヶ月の実習を終えました。 저는 3개월의 실습을 마쳤습니다.

429 (푸를)록/녹	획수 14 부수 糸	緑 緑 緑 緑 緑 緑 緑 緑 緑 緑 緑 緑 緑 緑
緑 N3	훈 みどり 음 リョク/ロク	

- 緑 녹색, 초록
- 緑茶 녹차
- 緑青 녹청

ロンドンは緑が多いです。 런던은 녹색이 많습니다.

これは緑茶ではありません。 이것은 녹차가 아닙니다.

緑青とは銅が酸化した錆です。 녹청이란 구리가 산화된 녹입니다.

430 (심을)식	획수 12 부수 木	植 植 植 植 植 植 植 植 植 植 植 植
植 N3	훈 うえる/うわる 음 ショク	

- 植える 심다
- 植わる 심어지다
- 植物 식물

春は木を植える時期です。 봄은 나무를 심는 시기입니다.

庭に松が植わっています。 정원에 소나무가 심어져 있습니다.

これは何という植物ですか。 이것은 무슨 식물입니까?

431 (기를)육	획수 8 부수 月(肉)	育 育 育 育 育 育 育 育
育 N3	훈 そだつ/そだてる はぐくむ 음 イク	

- 育つ 자라다
- 育む 키우다
- 教育 교육

この花は山で育ちます。 이 꽃은 산에서 자랍니다.

子育ては、あなたの心を育みます。 육아는 당신의 마음을 키웁니다.

それは子供の教育によくないです。 그것은 어린이 교육에 좋지 않습니다.

432 (곱)배	획수 10 부수 イ(人)	倍 倍 倍 倍 倍 倍 倍 倍 倍 倍
倍 N3	훈 ― 음 バイ	

- ～倍 ～배
- 倍数 배수

彼は私の二倍食べます。 그는 나의 두 배 먹습니다.

6は3の倍数です。 6은 3의 배수입니다.

433 (맛)미	획수 8 부수 口	味味味味味味味味
味 N3	훈 あじ/あじわう 음 ミ	

• 味 맛 • 味わう 맛보다 • 意味 의미	あの店は安くて味もいいです。저 가게는 싸고 맛도 좋습니다. ゆっくりとお酒を味わいます。천천히 술을 맛봅니다. この問題の意味が分かりません。이 문제의 의미를 모르겠습니다.

434 (겨레)족	획수 11 부수 方	族族族族族族族族族族 族
族 N3	훈 — 음 ゾク	

• 家族 가족 • 水族館 수족관	彼の家族は早起きです。그의 가족은 일찍 일어납니다. 来週水族館に行きませんか。다음 주 수족관에 가지 않을래요?

435 (말미암을)유	획수 5 부수 田	由由由由由
由 N3	훈 よし 음 ユ/ユウ/ユイ	

• 由 까닭, 방법 • 由来 유래 • 理由 이유	それについては知る由もないです。그것에 관해서는 알 길이 없습니다. その神社の由来を知っていますか。그 신사의 유래를 알고 있습니까? 反対の理由を言いなさい。반대의 이유를 말하세요.

436 (분초)초	획수 9 부수 禾	秒秒秒秒秒秒秒秒秒
秒 N3	훈 — 음 ビョウ	

• 〜秒 〜초 • 秒読み 초읽기	発車のベルが5秒間鳴ります。발차 벨이 5초간 울립니다. もう梅雨明けも秒読みですね。이제 장마가 걷히는 것도 초읽기네요.

437 (있을)유	획수 6 부수 月	有 有 有 有 有 有
有 N3	훈 ある 음 ユウ/ウ	

- あ
有る 있다
- ゆうめい
有名だ 유명하다
- う む
有無 유무

くるま の
車は有るが、あまり乗らない。 차는 있지만, 별로 타지 않는다.

あおもりけん なに
青森県は何で有名ですか。 아오모리현은 무엇으로 유명합니까?

しょうひん ざいこ
商品の在庫有無を知りたいです。 상품의 재고 유무를 알고 싶습니다.

438 (다를)타	획수 5 부수 イ(人)	他 他 他 他 他
他 N3	훈 ほか 음 タ	

- ほか
他 다른 것, 밖
- た
その他 그 밖
- た にん
他人 타인

に ほん ご はな
日本語の他は話せません。 일본어 외는 말할 줄 모릅니다.

わたし おおぜい
私はその他大勢です。 나는 그 밖의 여러 사람(평범한 사람)입니다.

き も わ
他人の気持ちは分かりません。 타인의 기분은 모릅니다.

439 (버금)차	획수 6 부수 欠	次 次 次 次 次 次
次 N3	훈 つぐ/つぎ 음 ジ/シ	

- つ
次ぐ 다음가다
- つぎ
次 다음
- じ かい
次回 다음 번

おおさか とうきょう だいとし
大阪は東京に次ぐ大都市です。 오사카는 도쿄 다음가는 대도시입니다.

しんじゅくえき
新宿駅は次の次です。 신주쿠 역은 다음 다음입니다.

じかい はなし たの
次回の話が楽しみです。 다음 번의 이야기가 기대됩니다.

440 (두)량	획수 6 부수 一	両 両 両 両 両 両
両 N3 兩	훈 ― 음 リョウ	

- りょうしん
両親 부모
- りょうほう
両方 양방

しん あきた す
両親は秋田に住んでいます。 부모님은 아키타에 살고 있습니다.

さかな にく た
魚も肉も両方食べたいです。 생선도 고기도 둘 다 먹고 싶습니다.

I. 밑줄 친 부분의 한자 읽기를 히라가나로 쓰시오.

1 その 水族館は 有名です。　2 田畑仕事は 忙しいです。

3 他に 意見は ありませんか。　4 それは どんな 意味ですか。

5 庭に 何を 植えましたか。　6 リスは 木の実を 集めます。

7 絵本は 子供の 想像力を 育むのに、とても 役に 立ちます。

8 農業を 仕事として 生計を 立てたいと 考える 人は 少なく ないです。

9 カラスが 屋根の 上を 歩いたり 鳴いたり して うるさいです。

10 言葉には、目には 見えない 力が あります。

11 ボルトさんは 100メーターを 何秒で 走りますか。

12 彼は 日本語も 中国語も 両方 話す ことが できます。

13 今日は 学校へ 来るのに、いつもの 2倍の 時間が かかりました。

낱말과표현

意見 의견 | **リス** 다람쥐 | **想像力** 상상력 | **生計を 立てる** 생계를 꾸리다 | **カラス** 까마귀 | **うるさい** 시끄럽다 | **メーター** 미터

II. 다음 □ 안에 꼭 들어맞는 한자를 쓰시오.

1　□家の 仕事は 大変です。
（のう・か・しごと・たいへん）

2　ここは 昔、□でした。
（むかし・はたけ）

3　アーモンドは 木の □です。
（き・み）

4　青い 屋□の 家が 見えました。
（あお・や・ね・いえ・み）

5　□の 人、どうぞ。
（つぎ・ひと）

6　お茶の □は どうですか。
（ちゃ・あじ）

7　来年の 春に 家□と いっしょに 北海道へ 行く つもりです。
（らいねん・はる・か・ぞく・ほっかいどう・い）

8　私は 小さい ころから ずっと □茶を 飲んで います。
（わたし・ちい・りょく・ちゃ・の）

9　いよいよ 開店まで □読みと なりました。
（かいてん・びょう・よ）

10　会社は □名ですが、仕事は おもしろく ないです。
（かいしゃ・ゆう・めい・しごと）

11　子供は よく □親や 年上の 兄弟の 真似を します。
（こども・りょう・しん・としうえ・きょうだい・ま・ね）

12　紅茶に ミルクを 入れると、□おいしく なります。
（こうちゃ・い・ばい）

13　ここに 学校を 休んだ 理□を 書いて ください。
（がっこう・やす・り・ゆう・か）

낱말과 표현

アーモンド 아몬드 | **開店** 개점, 개업 | **年上** 연상, 연장 | **真似を する** 흉내를 내다 | **紅茶** 홍차 | ミルク 밀크, 우유

I. 밑줄 친 부분의 한자 읽기를 히라가나로 쓰시오.

1 足から 血が 出た。

2 やっぱり 歯は 命ですよ。

3 ここは 駅から 近いです。

4 悪い 病気が 流行しました。

5 羊毛で 服を 作ります。

6 彼は 湖に 石を 投げました。

7 スタイル よく 写真に 写る ポイントを 教えて ください。

8 先生は 私たちを 順番に 指名しました。

9 私は 家に 帰って、すぐ 勉強を 始めます。

10 今日、4歳の 息子を 連れて 耳鼻科へ 行きました。

11 雨の 日は 道路が 滑るから 注意した ほうが いいです。

12 この 石油ストーブは とても 使いやすいです。

13 この 公園は 緑が 多くて、気持ちが いいです。

II. 다음 ☐ 안에 꼭 들어맞는 한자를 써 넣으시오.

1　☐いで ☐に ☐く。　2　☐せな 一生を ☐る。

3　☐☐会を ☐く。　4　☐へ ☐を かける。

5　☐を ☐う。　6　☐を のぼる。

7　☐の ☐☐より ☐が むずかしいです。

8　中学校 3年生ですが、本☐作りが 今日の ☐☐です。

9　☐い ☐しみを ☐じさせる ☐ですね。

10　代打に 出て、一☐ホームランを ☐ちました。

11　明日は ☐行に 行く ☐☐に して います。

12　☐体の バネを ☐って ボールを ☐げる ことが 大切です。

13　夏の ☐☐は ☐くて ほんとうに ☐しいです。

III. 다음 □ 안에 한자를 넣어서 두 개의 단어가 되도록 만드시오 .

1 上 — □ — 物   2 悪 — □ — 箱

3 相 — □ — 相   4 問 — □ — 名

5 気 — □ — 度   6 学 — □ — 友

7 行 — □ — 車   8 時 — □ — 待

9 研 — □ — 明   10 消 — □ — 学

IV. 다음 단어와 뜻이 반대되는 한자를 □ 안에 쓰시오 .

1 暑い ↔ □い   2 勝つ ↔ □ける

3 止る ↔ □く   4 軽い ↔ □い

5 着く ↔ □つ   6 始まる ↔ □わる

7 今 ↔ □   8 明るい ↔ □い

9 生きる ↔ □ぬ   10 長い ↔ □い

실력Up 확인문제
&
완성문제 정답

실력Up 확인문제 & 완성문제 정답

Part I 1학년 학습한자

실력Up 확인문제

Unit 01 p.20

I. **1** し/よん, しち/なな   **2** ご   **3** ふた, むっ, ここの
   4 よ   **5** じゅう, と   **6** ひゃく
   7 いち   **8** に   **9** えん
   10 だま

II. **1** 二   **2** 七五三   **3** 八
   4 四   **5** 八十九   **6** 六, 六
   7 円玉   **8** 千円   **9** 五, 二
   10 円

Unit 02 p.25

I. **1** ねん, ようび   **2** どようび, にちようび   **3** つき
   4 かな   **5** ねん, ひ, がつ, げつようび   **6** き
   7 みず   **8** ねん, じゅうがつ, じゅういちがつ
   9 まいねん/まいとし   **10** と

II. **1** 火, 木, 土   **2** 木   **3** 月
   4 水   **5** 日   **6** 月
   7 年   **8** 日   **9** 火
   10 金

Unit 03 p.30

I. **1** はやし   **2** やま, かざん   **3** かわ
   4 しゃく   **5** たなばた   **6** くうき
   7 ゆうひ   **8** てんき   **9** あめ
   10 もり

II. **1** 山   **2** 石   **3** 空気, 気
   4 夕   **5** 天   **6** 雨
   7 森   **8** 森, 林, 森林   **9** 川
   10 雨天

Unit 04 p.35

I.
1 かい	**2** いぬ	**3** むし
4 はな	**5** た	**6** むら
7 か	**8** たけ	**9** ちゅう
10 くさ		

II.
1 虫	**2** 貝	**3** 犬
4 草	**5** 田	**6** 竹
7 村, 竹	**8** 花	**9** 草
10 犬		

Unit 05 p.40

I.
1 ひだり	**2** せいねん	**3** あお, さゆう
4 ちい, しろ	**5** おお, なか	**6** ちゅう
7 あ	**8** みぎ	**9** した, あか
10 うえ		

II.
1 左右	**2** 大	**3** 小
4 中	**5** 下	**6** 白, 赤
7 上	**8** 青	**9** 右
10 赤		

Unit 06 p.45

I.
1 こ	**2** おとこ, ひと, ひと	**3** くち
4 おうじょ	**5** あし, ひと	**6** みみ, ひと
7 め	**8** じょし	**9** じんこう
10 へた		

II.
1 子	**2** 男, 人	**3** 女, 男
4 王	**5** 口	**6** 人口
7 足, 人	**8** 耳	**9** 目
10 手		

실력Up 확인문제 & 완성문제 정답

I. **1** う   **2** み   **3** にゅうがく

   4 た   **5** おと，おと，おと   **6** ただ

   7 きゅうじつ，はや   **8** い   **9** だ

   10 せんせい

II. **1** 見   **2** 休   **3** 出

   4 入   **5** 音   **6** 正

   7 早   **8** 学校，先生   **9** 立

   10 出

I. **1** ぶみ   **2** くるま   **3** いと

   4 しゃ   **5** な，ほんみょう   **6** ぶんがく

   7 ほん   **8** ちょう   **9** まち

   10 じ，もじ

II. **1** 文字   **2** 名   **3** 車，車

   4 文   **5** 本   **6** 名

   7 糸   **8** 字   **9** 力

   10 町

1학년 완성문제　p.58

I. **1** ひと，はな，むし，な   **2** せんせい，そら，じ

   3 はや，おお，あか   **4** か，みず，ひ

   5 にち，び，しろ，いと   **6** ね

   7 あお，て   **8** うえ，おんな，ひと

   9 やす，おとこ，こ，やま，かわ   **10** ひゃくえん，くるま，ふた

II. **1** 石，中，入   **2** 車，気

   3 赤，生，子/小   **4** 学年，名

   5 立，大学，入   **6** 月，日，金，日

   7 学校，出，左，本   **8** 玉，草，上

   9 犬，中，虫，見   **10** 田，正

III. **1** 右, みぎ   **2** 小, ちい

    3 下, した   **4** 出, で

    5 女, おんな

IV. **1** ⑦   **2** ④   **3** ④   **4** ⑦   **5** ④

Part II 2학년 학습한자

실력Up 확인문제

Unit 01 p.68

I. **1** うし, おやこ   **2** うもう   **3** にちょう

    4 ぎゅうにく   **5** きんぎょ   **6** むぎ

    7 おとうと   **8** いもうと, かお   **9** あに, がん

    10 ふぼ   **11** あね, はは   **12** か

    13 あたま

II. **1** 首   **2** 米   **3** 頭

    4 顔   **5** 牛   **6** 羽

    7 兄弟   **8** 馬, 頭   **9** 兄, 魚

    10 家   **11** 馬   **12** 父, 鳥肉

    13 姉妹

Unit 02 p.75

I. **1** ぜんご   **2** おお   **3** あたら

    4 う   **5** ふる   **6** ちか

    7 そと   **8** い   **9** か

    10 つよ   **11** なまえ, き   **12** ほそ

    13 とお

II. **1** 太   **2** 内   **3** 遠

    4 弱   **5** 後   **6** 売

    7 外   **8** 多, 少   **9** 前

    10 強弱   **11** 新   **12** 買

    13 多少

실력Up 확인문제 & 완성문제 정답

Unit 03 p.82

I.
1 なんぼく	**2** せい	**3** かた
4 ちょう	**5** ちゅう	**6** こんや
7 こん	**8** じかん	**9** はん
10 まいにち, ぷん	**11** ごぜん	**12** ひがし, にし
13 まいしゅう, もくようび		

II.
1 東, 西	**2** 南	**3** 南北
4 方	**5** 曜	**6** 時間
7 半分	**8** 毎	**9** 午
10 毎週, 時時(時々)	**11** 今, 曜	**12** 夜
13 朝, 昼		

Unit 04 p.89

I.
1 いわ, のはら	**2** あき	**3** いけ
4 うみ	**5** たにま/たにあい	**6** くも
7 ふゆ, ゆき	**8** は	**9** げ
10 かぜ	**11** にっこう	**12** かせい
13 ち		

II.
1 雲海	**2** 原	**3** 光, 星
4 夏, 海	**5** 谷	**6** 地
7 風	**8** 夏	**9** 春夏秋冬
10 池	**11** 野	**12** 晴
13 雪		

Unit 05 p.96

I.
1 ひ	**2** な	**3** おし
4 ほ, ある	**5** しょく	**6** かよ
7 た, かえ	**8** たいせつ	**9** はし, はか
10 よう	**11** と	**12** そ
13 あ		

II.
1 歩	**2** 用	**3** 回
4 直	**5** 合	**6** 切

7 食	**8** 合	**9** 教
10 当	**11** 止	**12** 鳴
13 走		

Unit 06 p.102

I.	**1** こう	**2** じょう	**3** たいふう
	4 みせ	**5** こうもん	**6** きょう，てら
	7 しつない	**8** まじ	**9** えん
	10 みち	**11** いちばん	**12** し，し
	13 と		

II.	**1** 寺	**2** 台	**3** 店
	4 道	**5** 里	**6** 戸
	7 交	**8** 公	**9** 交番
	10 門	**11** 市場	**12** 場，場
	13 室		

Unit 07 p.108

I.	**1** かもく	**2** がよう	**3** けいさん
	4 しゃかい	**5** せいかつ	**6** こくご
	7 つく	**8** さんすう	**9** ずが
	10 からだ	**11** りか	**12** がっ
	13 たい		

II.	**1** 科	**2** 楽	**3** 体
	4 画	**5** 作	**6** 活
	7 国語，数	**8** 作，工	**9** 工
	10 画数	**11** 算数	**12** 図
	13 社会，理科		

Unit 08 p.114

I.	**1** かしゅ，うた	**2** い	**3** え
	4 きょうかしょ	**5** しこう	**6** はなし
	7 し	**8** よ	**9** とう

10 しる	**11** こた, かんが	**12** こころ
13 き, こえ		

II. **1** 答	**2** 聞, 読	**3** 記, 書
4 考, 言	**5** 中心	**6** 知
7 歌, 聞	**8** 絵	**9** 思
10 言	**11** 心	**12** 話
13 話		

Unit **09** p.120

I. **1** たか	**2** ひろ	**3** あか
4 ちょくせん	**5** まる	**6** さんかっけい
7 かたち	**8** げんしょく	**9** なが
10 こうちょう	**11** きいろ	**12** じゃくてん
13 おな		

II. **1** 高	**2** 黒	**3** 色
4 茶	**5** 線	**6** 広
7 丸, 形	**8** 明	**9** 同
10 長, 長	**11** 黄	**12** 点
13 色		

Unit **10** p.126

I. **1** きしゃ	**2** なに	**3** せんちょう
4 とも	**5** もと	**6** や
7 ふね	**8** きゅうどう	**9** でんしゃ
10 じぶん	**11** さい	**12** にほんとう
13 てがみ, まん		

II. **1** 汽	**2** 船	**3** 元
4 才	**5** 何	**6** 弓
7 元	**8** 船	**9** 自, 矢
10 友	**11** 紙, 刀	**12** 万
13 電		

I. 1 しんぶんし　　　　　　　　2 こんしゅう
　　3 たい　　　　　　　　　　　4 からだ，つく
　　5 ごぜん　　　　　　　　　　6 まえ
　　7 ばいてん，か　　　　　　　8 きょうだい，あたま，かたち
　　9 うみ，いろ　　　　　　　　10 きょう，ふる，てら
　　11 こうげん，つよ，かぜ　　　12 こうばん，ちか
　　13 きょうか，ずが，さんすう

II. 1 近　　　　　　　　　　　　2 冬，計画
　　3 止　　　　　　　　　　　　4 親
　　5 野原　　　　　　　　　　　6 行
　　7 友，顔，丸，首，長　　　　8 声，歌
　　9 室，光，高　　　　　　　　10 黄色，電，通
　　11 紙，角，切　　　　　　　　12 毎，時間半
　　13 絵，作，考

III. 1 春，夏，秋，冬　　　　　　2 東，西，南，北
　　3 父，母，兄，姉，妹，弟　　4 牛，馬，鳥，魚
　　5 国語，社会，理科

IV. 1 教　　2 新　　3 午後　　4 多　　5 外
　　6 遠　　7 来　　8 太　　9 晴　　10 弱

Part III 3학년 학습한자

실력Up 확인문제

Unit 01 p.138

I. 1 もんだい　　　2 ふでばこ　　　3 かんじ
　　4 けい　　　　　5 てちょう　　　6 しじん
　　7 がっきゅういいん　8 けんきゅう　　9 れんしゅう
　　10 べんきょう　　11 こくばん　　　12 どうわ
　　13 かぐ

II.　1 箱　　　　　2 係　　　　　3 筆

　　4 勉　　　　　5 委員　　　　6 章

　　7 研究　　　　8 漢　　　　　9 具

　　10 板，練習　　11 習　　　　　12 詩

　　13 問題，帳

Unit 02 p.146

I.　1 きゅうしゅう　　2 す　　　　　3 や

　　4 とし　　　　　5 かい　　　　6 きんこ

　　7 けんりつ　　　8 やく　　　　9 りょかん

　　10 ちょう　　　11 しま　　　　12 れっしゃ

　　13 でんちゅう

II.　1 宿　　　　　2 列　　　　　3 所

　　4 柱　　　　　5 央　　　　　6 都

　　7 屋　　　　　8 都，県　　　9 区

　　10 住　　　　11 階　　　　　12 旅館

　　13 世界

Unit 03 p.153

I.　1 かる　　　　2 か　　　　　3 はんたい

　　4 しょうぶ　　5 しょうわ　　6 にゅうがくしき

　　7 むかし　　　8 さいじつ　　9 お

　　10 はじ　　　11 れい　　　　12 おも

　　13 かみ，まつ

II.　1 祭　　　　　2 反対　　　　3 和

　　4 昔　　　　　5 様，宮　　　6 重

　　7 軽　　　　　8 始　　　　　9 式

　　10 終　　　　11 昭和，代　　12 神宮

　　13 勝負，勝

Unit 04 p.160

I.   **1** うつ   **2** ま   **3** う

     4 もの   **5** ふく   **6** ようしき

     7 じょうひん   **8** さら   **9** しょうばい

    10 あつ   **11** そうきん   **12** しんぱい

    13 かえ

II. **1** 写真   **2** 豆   **3** 笛

     4 荷物   **5** 配   **6** 酒

     7 洋服   **8** 取   **9** 集

    10 皮   **11** 皿   **12** 送

    13 受

Unit 05 p.167

I.   **1** さか   **2** じょう   **3** どうろ

     4 そそ   **5** よこ   **6** はし

     7 の   **8** ま   **9** のぼ

    10 やす   **11** まった   **12** すす

    13 くうこう

II. **1** 全   **2** 転   **3** 橋

     4 発   **5** 面   **6** 安

     7 曲，駅   **8** 進   **9** 横

    10 運，注意   **11** 登   **12** 助

    13 路

Unit 06 p.175

I.   **1** りょかく/りょきゃく   **2** わる   **3** なかみ

     4 こゆび   **5** しか   **6** しゅっけつ

     7 しゅじん   **8** むすこ，びょうき，し   **9** にゅういん

    10 やっきょく   **11** いしゃ   **12** いのち

    13 はな

II. **1** 死者 | **2** 歯 | **3** 去
4 指 | **5** 息 | **6** 医
7 鼻 | **8** 病院 | **9** 君
10 化 | **11** 薬局，薬 | **12** 悪
13 客

Unit **07** p.183

I. **1** なみ | **2** あぶらえ | **3** うつく
4 みじか | **5** ちかてつ | **6** ぎんこう
7 みずうみ | **8** ようにく | **9** ゆ
10 せきたん | **11** りゅうこう | **12** くら
13 あつ，さむ

II. **1** 陽 | **2** 温 | **3** 暗
4 等 | **5** 岸 | **6** 深，湖
7 油 | **8** 湯 | **9** 流
10 氷 | **11** 波 | **12** 美，美
13 速度

Unit **08** p.191

I. **1** くる | **2** ま | **3** ちょうし，ととの
4 てそう | **5** しょくじ | **6** へいじつ，しごと
7 かん | **8** かな | **9** こうふく
10 きたい | **11** よそう | **12** き
13 うご，どう

II. **1** 平 | **2** 仕 | **3** 相談
4 期待 | **5** 苦 | **6** 調
7 部，決 | **8** 仕事 | **9** 感
10 悲 | **11** 幸福 | **12** 事
13 定

Unit **09** p.199

I. **1** も | **2** お | **3** ばんごう

4 きゅうこう	**5** け	**6** ひろ
7 いんしょくてん	**8** あ，はな	**9** お
10 お	**11** つか	**12** やきゅう
13 だいいち		

II. **1** 守	**2** 着	**3** 申
4 表	**5** 打	**6** 向
7 泳	**8** 追	**9** 持
10 消	**11** 投	**12** 号
13 遊		

Unit 10 p.206

I. **1** すいぞくかん，ゆうめい	**2** たばた	**3** ほか
4 いみ	**5** にわ，う	**6** み
7 はぐく	**8** のうぎょう	**9** やね
10 ことば	**11** びょう	**12** りょうほう
13 ばい		

II. **1** 農	**2** 畑	**3** 実
4 根	**5** 次	**6** 味
7 族	**8** 緑	**9** 秒
10 有	**11** 両	**12** 倍
13 由		

3학년 완성문제 p.208

I. **1** ち	**2** は，いのち
3 えき	**4** びょうき，りゅうこう
5 よう，ふく	**6** みずうみ，な
7 しゃしん，うつ	**8** し
9 べん，はじ	**10** むすこ，じびか
11 ろ，ちゅうい	**12** せきゆ，つか
13 みどり，も	

II. **1** 泳, 岸, 着   **2** 幸, 送

   3 委員, 開   **4** 島, 橋

   5 豆, 拾   **6** 坂

   7 他, 問題, 式   **8** 箱, 宿題

   9 深, 悲, 感, 詩   **10** 号, 打

  11 旅, 予定   **12** 身, 使, 投

  13 仕事, 暑, 苦

III. **1** 品   **2** 筆   **3** 手   **4** 題   **5** 温

   6 級   **7** 列   **8** 期   **9** 究   **10** 化

IV. **1** 寒   **2** 負   **3** 動   **4** 重   **5** 発

   6 終   **7** 昔   **8** 暗   **9** 死   **10** 短

색인
(가나다 순)

※「No.」는 일련번호를 나타냄

대표음(대표훈)	한자	NO.
【 ㄱ 】		
가(노래)	歌	200
가(집)	家	088
각(뿔)	角	214
간(사이)	間	124
감(느낄)	感	389
강(강할)	強	113
개(열)	開	420
객(손)	客	347
거(갈)	去	346
견(개)	犬	036
견(볼)	見	062
결(결단할)	決	385
경(가벼울)	軽	296
경(서울)	京	171
계(맬)	係	249
계(섬돌/층계)	階	265
계(셀)	計	157
계(지경)	界	272
고(곳집)	庫	266
고(높을)	高	218
고(상고할)	考	204
고(쓸)	苦	397
고(옛)	古	111
곡(골)	谷	139
곡(굽을)	曲	334
공(공평할)	公	173

대표음(대표훈)	한자	NO.
공(빌)	空	026
공(장인)	工	191
과(과정/과목)	科	185
관(집)	館	268
광(넓을)광	広	217
광(빛)	光	148
교(가르칠)	教	156
교(다리)	橋	336
교(사귈/섞일)	交	174
교(학교)	校	067
구(갖출)	具	252
구(공)	球	402
구(구분할)	区	280
구(아홉)	九	009
구(연구할)	究	260
구(입)	口	059
국(나라)	国	192
국(판)	局	340
군(임금)	君	349
궁(집)	宮	288
궁(활)	弓	230
귀(돌아갈)	帰	155
근(가까울)	近	109
근(뿌리)	根	427
금(쇠)/김(성)	金	020
금(이제)	今	122
급(급할)	急	418
급(등급)	級	250

대표음(대표훈)	한자	NO.
기(기약할)	期	393
기(기운)	気	030
기(김)	汽	229
기(기록할)	記	202
기(일어날)	起	415
【 ㄴ 】		
남(남녘)	南	133
남(사내)	男	052
내(안)	内	103
녀(계집)	女	053
년/연(해)	年	015
농(농사)	農	422
【 ㄷ 】		
다(많을)	多	105
다(차)/차(차)	茶	223
단(짧을)	短	376
담(말씀)	談	382
답(대답)	答	210
당(마땅할)	当	166
대(기다릴)	待	394
대(대)/태(태풍)	台	179
대(대답할/대할)	対	292
대(대신할)	代	283
대(큰)	大	041
도(그림)	図	196

대표음(대표훈)	한자	NO.	대표음(대표훈)	한자	NO.	대표음(대표훈)	한자	NO.
도(길)	道	181	록/녹(푸를)	緑	429	문(글월)	文	074
도(도읍)	都	277	류/유(흐를)	流	368	문(들을)	聞	212
도(법도)	度	365	륙/육(여섯)	六	006	문(문)	門	183
도(섬)	島	274	리(마을)	里	184	문(물을)	問	241
도(칼)	刀	238	리/이(다스릴)	理	199	물(만물)	物	302
독(읽을)	読	211	림/임(수풀)	林	031	미(맛)	味	433
동(겨울)	冬	152	립/입(설)	立	065	미(쌀)	米	099
동(동녘)	東	131				미(아름다울)	美	377
동(아이)	童	251						
동(움직일)	動	390	【 ㅁ 】					
동(한가지)	同	226				【 ㅂ 】		
두(머리)	頭	092	마(말)	馬	090			
두(콩)	豆	312	만(일만)	万	239	반(돌이킬)	返	307
등(무리)	等	373	매(손아랫누이)	妹	087	반(돌이킬/반대할)	反	291
등(오를)	登	332	매(매양)	毎	127	반(반)	半	126
			매(살)	買	118	발(필)	発	326
			매(팔)	売	117	방(놓을)	放	421
【 ㄹ 】			맥(보리)	麦	100	방(모)	方	135
			면(낯)	面	319	배(곱)	倍	432
락(떨어질)	落	408	면(힘쓸)	勉	246	배(나눌)	配	306
락(즐길)/악(풍류)	楽	188	명(그릇)	皿	314	백(일백)	百	011
래(올)	来	116	명(목숨)	命	342	백(흰/아뢸)	白	048
량(두)	両	440	명(밝을)	明	227	번(차례)	番	182
려/여(나그네)	旅	267	명(울)	鳴	168	병(병들)	病	337
력/역(힘)	力	078	명(이름)	名	077	보(걸음)	歩	167
련/연(익힐)	練	257	모(어미)	母	083	복(복)	福	392
렬/열(벌일)	列	273	모(털)	毛	096	복(옷)	服	310
례/예(예도)	礼	290	목(나무)	木	019	본(근본)	本	076
로/노(길)	路	318	목(눈)	目	056	부(떼)	部	387

대표음(대표훈)	한자	NO.	대표음(대표훈)	한자	NO.	대표음(대표훈)	한자	NO.
부(아비)	父	082	상(장사)	商	299	수(셀/수)	数	197
부(질)	負	294	색(빛)	色	221	수(손)	手	060
북(북녘)	北	134	생(날/살)	生	069	수(지킬)	守	404
분(나눌)	分	125	서(글)	書	206	숙(잘)	宿	269
비(슬플)	悲	398	서(더울)	暑	362	습(익힐)	習	258
비(코)	鼻	355	서(서녘)	西	132	습(주울)/십(열)	拾	401
빙(얼음)	氷	369	석(돌)	石	025	승(이길)	勝	293
			석(예)	昔	284	승(탈)	乘	328

【 人 】

대표음(대표훈)	한자	NO.	대표음(대표훈)	한자	NO.	대표음(대표훈)	한자	NO.
			석(저녁)	夕	027	시(때)	時	123
사(넉)	四	004	선(먼저)	先	068	시(시)	詩	254
사(모일)	社	195	선(배)	船	236	시(비로소)	始	297
사(베낄)	写	316	선(줄)	線	222	시(저자)	市	175
사(벼슬/섬길)	仕	379	설(눈)	雪	145	시(화살)	矢	233
사(생각)	思	205	성(별)	星	147	식(밥)	食	160
사(실)	糸	079	성(소리)	声	208	식(법)	式	286
사(일)	事	380	세(가늘)	細	108	식(숨 쉴)	息	354
사(절)	寺	176	세(대/인간)	世	271	식(심을)	植	430
사(죽을)	死	345	소(바)	所	262	신(귀신)	神	287
사(하여금/사신)	使	412	소(밝을)	昭	281	신(납/펼)	申	413
산(뫼)	山	023	소(사라질)	消	416	신(몸)	身	351
산(셈할)	算	194	소(작을)	小	043	신(새)	新	112
삼(석)	三	003	소(적을)	少	106	실(열매)	実	428
삼(수풀)	森	032	속(빠를)	速	378	실(집)	室	177
상(상자)	箱	244	송(보낼)	送	308	심(깊을)	深	375
상(생각)	想	396	수(머리)	首	094	심(마음)	心	207
상(서로)	相	381	수(물)	水	018	십(열)	十	010
상(윗)	上	046	수(받을)	受	303			

대표음(대표훈)	한자	NO.	대표음(대표훈)	한자	NO.	대표음(대표훈)	한자	NO.
【 ㅇ 】			오(다섯)	五	005	육(고기)	肉	097
			옥(구슬)	玉	014	육(기를)	育	431
악(악할)	悪	343	옥(집)	屋	270	은(은)	銀	359
안(언덕)	岸	372	온(따뜻할)	温	364	음(마실)	飲	409
안(얼굴)	顔	093	왕(임금)	王	054	음(소리)	音	070
안(편안)	安	320	외(바깥)	外	104	의(뜻)	意	323
암(바위)	岩	138	요(빛날)	曜	130	의(의원)	医	341
암(어두울)	暗	374	용(쓸)	用	169	이(귀)	耳	057
앙(가운데)	央	275	우(깃)	羽	095	이(두)	二	002
야(들)	野	136	우(벗)	友	240	인(끌)	引	153
야(밤)	夜	121	우(비)	雨	029	인(사람)	人	051
약(약할)	弱	114	우(소)	牛	089	일(날)	日	022
약(약)	薬	339	우(오른쪽)	右	045	일(한)	一	001
양(모양)	様	285	운(구름)	雲	144	입(들)	入	064
양(볕)	陽	366	운(옮길)	運	324			
양(양)	羊	357	원(근원/벌판)	原	137	**【 ㅈ 】**		
양(큰 바다)	洋	309	원(동산)	園	170			
어(말씀)	語	190	원(둥글)	円	013	자(글자)	字	075
어(물고기)	魚	098	원(멀)	遠	110	자(놈)	者	348
언(말씀)	言	203	원(으뜸)	元	231	자(손윗누이)	姉	086
업(업)	業	423	원(인원)	員	248	자(스스로)	自	235
예(미리)	予	395	원(집)	院	338	자(아들)	子	055
역(부릴)	役	261	월(달)	月	016	작(지을)	作	193
역(역말/역)	駅	330	위(맡길)	委	247	장(글)	章	253
연(갈)	研	259	유(기름)	油	360	장(길/어른)	長	224
엽(잎)	葉	426	유(놀)	遊	403	장(마당)	場	178
영(헤엄칠)	泳	410	유(말미암을)	由	435	장(장막/휘장)	帳	256
오(낮)	午	129	유(있을)	有	437	재(재주)	才	232

색인 (가나다 순)

대표음(대표훈)	한자	NO.	대표음(대표훈)	한자	NO.	대표음(대표훈)	한자	NO.
적(붉을)	赤	050	족(발)	足	058	**【 ㅊ 】**		
적(피리)	笛	315	종(마칠)	終	298	차(버금)	次	439
전(구를)	転	325	좌(왼쪽)	左	044	차/거(수레)	車	073
전(밭)	田	033	주(고을)	州	276	착(붙을)	着	407
전(번개)	電	237	주(기둥)	柱	264	천(내)	川	024
전(앞)	前	101	주(낮)	昼	120	천(일천)	千	012
전(온전할/모두)	全	321	주(달릴)	走	163	천(하늘)	天	028
전(화전)	畑	424	주(돌)	週	128	철(쇠)	鉄	358
절(끊을)/체(모두)	切	161	주(물 댈/부을)	注	322	청(갤)	晴	143
점(가게)	店	180	주(살)	住	263	청(푸를)	青	049
점(점)	点	225	주(술)	酒	313	체(몸)	体	198
정(가지런할)	整	384	주(주인/임금)	主	350	초(분초)	秒	436
정(넷째 천간)	丁	279	죽(대)	竹	039	초(풀)	草	040
정(뜰)	庭	425	중(가운데)	中	042	촌(마을)	村	034
정(바를)	正	071	중(무거울)	重	295	추(가을)	秋	151
정(밭두둑)	町	080	지(가질)	持	411	추(따를/쫓을)	追	417
정(정할)	定	386	지(그칠)	止	159	춘(봄)	春	149
제(아우)	弟	085	지(땅)	地	140	출(날)	出	063
제(제목)	題	242	지(못)	池	141	충(벌레)	虫	037
제(제사)	祭	289	지(손가락)	指	352	취(가질)	取	304
제(차례)	第	405	지(알)	知	209	치(이)	歯	353
조(고를)	調	383	지(종이)	紙	234	친(친할)	親	081
조(도울)	助	329	직(곧을)	直	164	칠(일곱)	七	007
조(새)	鳥	091	진(나아갈)	進	327			
조(아침)	朝	119	진(참)	真	317	**【 ㅌ 】**		
조(일찍)	早	072	집(모을)	集	305			
조(짤)	組	162				타(다를)	他	438
족(겨레)	族	434				타(칠)	打	400

대표음(대표훈)	한자	NO.	대표음(대표훈)	한자	NO.	대표음(대표훈)	한자	NO.
탄(숯)	炭	361	한(한수)	漢	245	횡(가로)	横	335
탕(끓일)	湯	367	합(합할)	合	158	흑(검을)	黑	220
태(클)	太	107	항(항구)	港	331			
토(흙)	土	021	해(바다)	海	142			
통(통할)	通	165	행(다닐/행할)	行	115			
투(던질)	投	399	행(다행)	幸	391			
			향(향할)	向	419			

【 ㅍ 】

대표음(대표훈)	한자	NO.
파(물결)	波	370
판(널/널빤지)	板	255
판(언덕/비탈)	坂	333
팔(여덟)	八	008
패(조개)	貝	035
평(평평할)	平	388
품(물건)	品	300
풍(바람)	風	146
표(겉)	表	414
피(가죽)	皮	311
필(붓)	筆	243

【 ㅎ 】

대표음(대표훈)	한자	NO.
하(멜/짐)	荷	301
하(어찌)	何	228
하(아래)	下	047
하(여름)	夏	150
학(배울)	学	066
한(찰)	寒	363

대표음(대표훈)	한자	NO.
현(고을)	県	278
혈(피)	血	356
형(맏/형)	兄	084
형(모양)	形	216
호(부르짖을)	号	406
호(지게/집)	戸	172
호(호수)	湖	371
화(그림)/획(그을)	画	186
화(꽃)	花	038
화(될)	化	344
화(말할/말씀)	話	213
화(불)	火	017
화(화할)	和	282
환(둥글)	丸	215
활(살)	活	189
황(누를)	黄	219
후(뒤)	後	102
휴(쉴)	休	061
회(그림)	絵	201
회(돌아올)	回	154
회(모을/모일)	会	187

동양북스 채널에서 더 많은 도서 더 많은 이야기를 만나보세요!

 유튜브

 인스타그램

 블로그

 포스트

 페이스북

 카카오뷰

외국어 출판 45년의 신뢰
외국어 전문 출판 그룹
동양북스가 만드는 책은 다릅니다.

45년의 쉼 없는 노력과 도전으로 책 만들기에 최선을 다해온
동양북스는 오늘도 미래의 가치에 투자하고 있습니다.
대한민국의 내일을 생각하는 도전 정신과 믿음으로 최선을 다하겠습니다.

📖 동양북스